İstanbul, 2007

DÜŞÜN YAYINCILIK ■ 102
Mustafa İslâmoğlu Serisi ■ 15
www.mustafaislamoglu.com

Yayına Hazırlayan

İç Düzen ■ *İsra Tanıtım*
Tashih ■ *Zehra Deniz*
Kapak ■ *Ramazan Özkol*
Baskı ve Kapak ■ *İstanbul Matbaa&Mücellit*
1. Baskı ■ *Eylül, 1997*
11. Baskı ■ *Mart, 2007*

ISBN 975-550-045-0

Fatma Sultan Mh. Kahhalbağı Sk. No: 55/A Topkapı-İST.
Tel: (0.212) 524 75 24 Fax: (0.212) 635 27 66
www.dusunyayincilik.com
Sipariş Tel: (0.212) 528 12 26 - 27 Fax: (0.212) 528 12 20

YÜREK FETHİ

Mustafa İslâmoğlu

DÜŞÜN YAYINCILIK

İÇİNDEKİLER

ÖNSÖZ

Bu kitap, konusu itibarıyla *Yürek Devleti*'nin bir devamı niteliğindedir. Okuyanlar iyi hatırlayacaklardır; *Yürek Devleti*, insanın kendi yüreğini nasıl fethedeceğini ele alıyordu. Elinizde tuttuğunuz bu eser de, *Yürek Devleti*'nin bittiği yerden başlıyor ve başka yüreklerin nasıl fethedileceğini ele alıyor.

Fetih zaten muhteşem bir İslâmî kavram; yanına bir de Yürek gelince ikisinin birlikte oluşturduğu ihtişam yürekleri hoplatıyor: *Yürek Fethi.*

Yürekler hoplamakta haklı, çünkü *Yürek Fethi*, bizi, şimdilerde nesnesi olduğumuz bir dünyanın öznesi olduğumuz mutlu günlere götürüyor; başı dik yaşadığımız, insanlığa yürek dolusu umut dağıttığımız, barışın ve mutluluğun habercisi olduğumuz günlere...

Aradan ne geçti? Hayali cihan değen o günler bir kişi ile başlamış ve yedi iklim dört köşede milyonların yüreğini fethetmişti. İnsanlık kervanının uzun yürüyüşünde bir yol kazası olan modern çağın zavallı insanı, kendisine yitirdiği insanlığını gösterecek bu ebedi mesajın sağaltıcı soluğuna her zamankinden daha muhtaç.

Nerde yürek fatihleri? Hani "bir âdem bir âlem" diye yola çıkacak mutluluk sakaları? Kim ilan edecek şefkat hareketini? Kim katılacak insan seferberliğine? Kim soyunacak fetih işçiliğine?

Öncekiler nasıl başarmıştı bunu? İnsanlığın değişmez değerlerini bir kılıç kalkmadan, bir kurşun sıkmadan nasıl ve neyle taşımıştılar Merakeş'ten Zengibar'a, Orta Afrika'dan Doğu Hind adalarına, Sierra Leone'den Sibirya'ya, Bosna Hersek'ten Yeni Gine'ye, Seylan'dan Endonezya'ya, Malabar'dan Malezya'ya kadar?

İslâm nasıl ulaşmıştı Macaristan'daki Başkırdlar'a, Batı Afrika'daki Hausalar'a, Fildişi Sahilindeki Mandingolar'a, Bosna'daki Bogomiller'e, Hindistan'daki Gujarlar'a, Çin'deki Huiler'e, Filipin'lerdeki Milboglar'a?

Davet neydi, nasıl yapılırdı, belli bir usulü ve üslûbu var mıydı? Emr bilma'ruf nehy anilmünker neydi, nasıl yapılırdı? Davetin araçları nelerdi, amaçları nelerdi? Yol ne, yolcu kim, menzil nereydi?

Günümüz dünyasında yeniden bir fetih seferberliği mümkün müydü? Mümkünse bunu kimler, nasıl yapacaktı? Nerden başlanıp, nerde durulmalıydı? İslâm'ın ve müslümanların bir fetih projesi olmalı mıydı?

Ve herşeyden önce bu ülkede cahil bırakılmış kitlelere din nasıl sunulmalıydı? Dini, dinin dostlarından değil de dinin düşmanlarından öğrenen ve bu nedenle de dine bilmeden düşman olanlara nasıl yaklaşmalıydı? Dinin hakim olduğu bir dönemde dine düşman olmakla dinin mahkûm olduğu bir dönemde dine düşman olmanın hükmü değişir miydi?

İşte elinizde tuttuğunuz bu eser, bu sorulara cevap bulmaya çabalıyor. Bu kitabın ruşeymi 1991 yılında Hatay'da Yürek Fethi isimli bir konferansla atıldı. O tarihten bu güne, kitap hep kendi kendisini yazmayı sürdürdü, ta ki doğum tarihi olan bugüne kadar.

Onu incitmeden nazik kollarınıza bırakıyorum.

Mustafa İslâmoğlu

21 Ağustos 1997, Küçükköy

BİRİNCİ BÖLÜM

İNSAN: İSLÂM'IN AMACI

Tahminen iki milyon yıllık bir hikâyenin hem konusu hem yazarı. Sanki evrenin bir köşesinden, ya da bir başka boyuttan yerküremize fırlatılmış hissini veriyor.

Olanca büyüklüğüne rağmen küçük, olanca akıllılığına rağmen aciz, olanca donanımına rağmen yetersiz, olanca çokluğuna rağmen yalnız, olanca hırsına rağmen ölümlü...

Eşref-i mahlûkât mı?

Yeryüzü ölçeğinde evet. Çünkü henüz evreni keşfetmedik. İlâhî kelama göre benzerlerinin ve hatta daha iyilerinin olması mümkün. Bilmediğimiz bir yerlerde, bilmediğimiz bir zamanda...

Kim bilir belki de yok ve insan evrensel ölçekte de biricik ve mahlûkât ağacının en soylu meyvesi?

"Ahsen-i takvim" üzre, "en güzel surette" yaratıldığı, yani kapasitesinin sınırlarına dayanabilecek liyakati taşıdığı kesin. Yüceldiği zaman melekleri geçtiği ve geçeceği de... Belki de bunun için yerler ve gökler, gece ve gündüz, ay ve güneş emrine âmâde. O yaşasın için yeşertildi dünya, o hayat bulsun için tutuşturuldu güneş.

"Çok keramet var insanda"

Pir Sultan doğru söylüyor. Gerçekten de, çok keramet var insanda. Kim bilir, belki de İlâhî kelamdaki "Velekad kerremnâ beni âdem: Biz insanoğluna ikram ettik"in anlamı da bu. Dünyanın dönüşü, ayın yörüngesi, güneşin fonksiyonu, atmosferin yapısı, güneş sisteminin dizilişi... hepsi hepsi dakik ve rakik hesapların ürünü. Bu hesaplar, insan aklının alamayacağı kadar ince. Bu hesapları yapanın "seriu'l-hisab" olduğu da kesin.

Kesin olan bir şey daha var; insanın alçaldığı zaman şeytana besmele çektirtecek, vahşileştiği zaman en vahşi hayvanlara rahmet okutacak bir boyutunun da olduğu. Kıyıcılık ve cehaletini kendisini yaratanın da ifşa ettiği çamur tarafı, kavgacı ve aceleci tarafı... Bu tarafı insanı çukurların en dibine, İlâhî ifadeyle "esfel-i sâfilîn"e yuvarlayan taraf. O vahşileştiği zaman hiçbir yırtıcı mahlûk onun ayağının topuğuna ulaşamaz. Aklını bırakır da yüreğini alırsanız, akıllı vahşi olur. Otuz yıl arayla çağımızda kopan iki dünya savaşının bilançosuna bakmak, insanın vahşileşince nasıl kendi cinsini toptan yok edebilecek bir canavara dönüşebileceğini anlamak için yeterli. Silahlanmanın günümüzde geldiği boyut çok daha vahim. Yeryüzünde bulunan silahlar yerküremizi onlarca defa yok edecek miktara ulaştı modern Batı sayesinde. Modernizmin gelecekte tarihini yazacak olanlar, insanlığın bu çılgın dönemine *cinnet uygarlığı* adını verecekler.

Ahsen-i takvim tarafını *üflenen ruh* temsil ediyor. O'ndan gelen ve yine O'na dönecek olan ruh.

İnsanın öncesiz mazisi, en yüce hâli ve bitimsiz istikbali olan ruh.

Üfleyeni özleyen, dünyayı gurbet ukbayı sıla bilen ruh.

el-Mü'min'den iman, el-Basir'den basiret, el-Mürid'den irade, el-Alim'den ilim, el-Habir'den haber, el-Vedûd'dan sevgi, el-Hay'dan hayat taşıyan ruh.

Esfel-i sâfilîn tarafını, toprakla, kurutulmuş-pişirilmiş çamurla sembolize edilen *nefis* temsil ediyor. Sürekli kötülüğü emreden, temize çıkaranın yüzünü karartan, insana vesveseler üfleyen negatif özbenlik. O, hep ruha sırtı dönük olarak duran, "la" deyip "illa" demeyen, isyan narasını teslimiyet halkasına tercih eden nefis. İmanın iktidarına muhalif her gücün meccane müttefiki olan özbenlik.

Şeytan, insanın ezeli rakibi. O'nun dosdoğru yoluna eğri oturan, oradan gelip geçenlerin ayağına çelme takmak için, yola yürümek maksadıyla çıkan yolcuları yola yatmağa, yoldan çıkmağa ikna etmeye çabalayan müflis tüccar. İnancın terbiye etmediği kafalara vesvese tohumları saçan kuşku çiftçisi. İmana teslim olmamış yüreklere soru işareti biçiminde çengeller asan hasetçi selef. İşi gücü gölgeleri gerçek sanan zavallıları ateş ülkesinin vatandaşlığına ikna etmek olan kibirli illüzyoncu.

Şeytan; aklıyla yüreğini kundaklayan zavallı. Aklını kalın bir perde gibi yüreğinin üzerine örten tüm zamanların en modern ve en rasyonalist bireyi. Ateşle toprağı, yani iki maddeyi birbiriyle kıyaslayıp, cevheri kabuğa, özü forma, kutsalı profana, metafiziği fiziğe, mânâyı maddeye feda eden ilk materyalist ve dahi ilk şövenist.

Şeytan; Allah'a "ben Allah'tan başkasına secde etmem" gerekçesiyle isyan eden ilk hile-i şer'iyyeci. İçerisinde "...rağmen...için" kelimelerinin birlikte kullanıldığı cümlenin ilk muhatabı: "Hakk'a rağmen Hak için". Kendi yolundan gidenler eliyle bu paradoksu başka alanlara da taşıtarak "halka rağmen halk için", "demokrasiye rağmen demokrasi için", "özgürlüğe rağmen özgürlük için" gibi şeytanlıklar yaptırtan çelişkiler ustası.

Şeytan; vesvesenin ve evhamın piri, tüm hasetçilerin arketipi, vehimden kaynaklanan kronik kuşkuyu kendisine ad edinen (iblis) lanetli. O, tüm gücünü, insanın güçsüzlüğünden ve evhamından almakta; gücünü imandan almayan insanın güçsüzlüğünden, Allah'a kayıtsız şartsız teslim olmayan insanın vehminden...

İnsan, bir bakıma onun mağduru.

Ah şu nisyan/unutmak olmasa.

Sahi, "insan" kelimesinin anlamı neydi?

Dilcilere bakılırsa "insan" kelimesi iki kökten geliyor. Biri unutmak anlamındaki "nisyan"dan, diğeri ilişki kurmak, sevip-sevilmek, yakınlaşmak, tepki vermek ve almak anlamındaki "ünsiyet"ten. İkisi de insanı ele veriyor. Onun için olsa gerek, *"el-İnsan, yu'rafu bi'n-nisyan: İnsan unutmakla malûldür"* sözü darb-ı mesel haline gelmiştir.

İnsan kelimesinin linguistik kökeni olan nisyan ve ünsiyet aynı zamanda insanın negatif ve pozitif kutuplardan müteşekkil çift kutuplu bir varlık olduğunun filolojik tasdiki. İnsanın unutan/nisyan boyutu, yitirdiği cennete ve aldandığı şeytana karşı takındığı tavırda daha bir belirgin olarak ortaya çıkıyor. Ünsiyet boyutu ise, insanın yaratıcısıyla, diğer insanlarla ve tabiatla girdiği ilişkide diğer hiç bir yaratığın kuramayacağı kadar harika ilişkiler kurabilme potansiyeliyle ortaya çıkıyor.

İlişki kurabilen ünsiyet sahibi varlık olan insan, yaratılış/hilkat itibarıyla müsbet bir öze sahip: Fıtrat. Bu öz, ne negatif ne pozitif. Belki 'saf' anlamında nötr. Tıpkı bembeyaz bir sayfa gibi. Onun içindir ki yaratılış anlamına gelen "hilkat" sözcüğüyle, insânî erdemlerin tümüne verilen ortak isim olan "ahlâk" sözcüğü aynı köke (ha-la-ka) mensup. Bunun anlamı şudur: Ahlâkî olan yaratılışa uygun olandır, yaratılışa uygun olan da ahlâkî olandır.

İnsan, uzun tarihi boyunca her zaman ahlâkî ve dolayısıyla yaratılışına uygun davranmamış. Çoğu kez doğal çizgiden sapmış ve saptırmıştır. İnsanın yaratıcısıyla olan ilişkisinin bozulması, insanın insanla ve doğayla ilişkisinin bozulması sonucunu doğurmuştur. İnsan, doğasından uzaklaştığı her zaman, hem kendi kendisinin, hem kendi cinsinin hem de doğal çevrenin başbelası olmuştur.

Alçalışlar ve yücelişlerin tarihi olan insanlık tarihi de tıpkı insanın yapısı gibi pozitif ve negatif yataklarda akan iki ırmağa benzemektedir. Şairin "Birinden nur akar birinden kir" dediği bu yataklar arasında mekik dokuyan insan, rotasını kaybedip pusulasını şaşırdığı her dönemde, peygamberler eliyle iletilen İlâhî mesaj aracılığıyla uyarılmıştır.

İnsanlık tarihiyle yaşıt bu İlâhî mesajın değişen zaman ve zeminle değişmeyen tek ortak adı İslâm'dır.

İSLÂM:
İNSANIN MUTLULUĞU

İslam kelimesi, etimolojik olarak üç mastara izafe edilir: *Teslimiyet, silm ve selamet.* (İbn Manzur, III/2077-81; Zemahşeri, Esas I/445)

Teslimiyet mastarına bina edilince İslâm "Allah'a teslim olmak, boyun eğmek", müslüman da "Allah'a teslim olan kimse" anlamına gelir.

Silm mastarına bina edilirse İslâm "barış, huzur ve saadet" müslüman da *Yaratıcı'sı, kendisi ve çevresiyle barışık, huzurlu, mes'ud insan* anlamlarına gelir.

Selamet mastarına bina edildiğinde "kurtuluş, saadet, mutluluk" anlamlarına gelir. (Ezheri'ye göre İslâm selamet'ten gelir, Lisanu'l Arab, III/2080) Aslında kelimenin ilk anlamı olan boyun eğme, teslim olma, ikinci ve üçüncü anlamları olan barış, huzur ve mutlulukla sebep-sonuç ilişkisine sahiptir. Yani *"Allah'a teslim olan kurtuluşa erer"*, *"Allah'a boyun eğen kişi kendisiyle, Rabbiyle, toplumla, tabiatla barışık yaşar"*, *"Allah'a itaat eden kimse huzur ve mutluluğa ulaşır"* demektir.

İslâm insanlığın değişmez değerlerinin öbür adıdır. Onun içindir ki haya imandandır (Buhari, İman, b. 16 (I/11), temizlik imandandır, iyiyi sevmek imandandır (Buhari, İman, b. 18 (I/12), kötüden nefret imandandır, doğal çevreyi korumak imandandır (Buhari, İman, b.3; Müslim, İman, b.12 (58); Ebu Davud, Sünne, 4676), varlık üzerine derin düşünce imandandır (Fethu'l-Bârî, I/63), insanın yetersizliğini itiraf imandandır (Fethu'l-Bârî, I/65). Bütün bunlar insanın değişen zaman ve mekanla değişmeyen öz değerleridir. İşte bu nedenle İslâm insanlığın zamanlar ve mekanlar üstü değişmez değerlerinin ortak adıdır.

İnsanlığın değişmez değerlerinin öbür adı olan İslâm'ın düzenlediği mahlûkât skalasında insan en üstte yer alır. Bu onun, yukarda değindiğimiz muhteşem donanımından dolayıdır. Ne ki, insanın bu donanımı sadece bir potansiyeldir. Kendi başına insanı insan etmeye ve potansiyelinin sınırlarına ulaştırmaya yetmemektedir. Bunun için bir kullanım klavuzuna ihtiyaç vardır. İşte İslâm, bu kullanım klavuzunun adıdır. İnsan, uzun yürüyüşünü bu kullanım klavuzu eşliğinde sürdürdüğü sürece mutluluğa ulaşır.

Şu halde,

İslâm, insanın mutluluğudur.

İnsan, İslâm'ın maksududur.

Bu kısa tahlilden yola çıkarsak, din olarak İslâm'ın amacının İnsanın ve insanlığın barış, huzur ve mutluluğu olduğunu, bu amacın gerçekleşmesi için de insandan Allah'a yürekten bağlanmayı, teslim olmayı ve itaat etmeyi istediği sonucuna varırız.

İslâm'ın bu çağrısının bölgesel değil evrensel olduğunu Kur'an ısrarla vurgular. (21;107. 25;1. 61;9. 16;44,64.) Hz. Peygamber de *"rahmeten li'l-âlemîn: âlemlere rahmet"* olarak gönderildiğinin bilinciyle hareket eder ve İslâm'ın çağrısının evrensel olduğunu, ırk, renk, dil, sınıf farkı gözetmeksizin sünnetiyle ortaya koyar. Onun çağrısına uyanlar arasında gördüğümüz Habeşistanlı Bilal, Anadolulu Suheyb, İranlı Selman, Yemenli Ebu Huzeyfe, Hindistanlı Begüm (bt. Muazzel), Kürdistanlı Guzeyye (bt. Zozan) mesajın evrenselliğinin canlı şahidi gibiydiler.

İslâm'ın kutsal kitabına göre doğular da batılar da Allah'ındır. Dolayısıyla Allah'ın ebedi mesajı olan İslâm ne doğunun ne de batının malıdır. Bilakis o, doğulara da batılara, doğululara da batılılara da taliptir. İslâm, ne Arab'ın malıdır, ne Arabistan'ın. O, Avusturya Aborijinlerinden Guatamala yerlilerine, Kutup eskimolarından Tibet sakinlerine kadar her bir insanın yüreğine hitap eder. O insanlığın ortak vicdanıdır.

İslâm'ın yasalarıyla, güneşin, ayın, yerin, göğün özetle tüm evrenin tabi olduğu yasalar aynı İlâhî elin ürünüdür. Ne var ki, birinciler dinamik ikincilerse statiktirler.

Tüm insanlığı muhatap alan İslâm, mesajını insanlara taşıma işini (davet), Peygamber'in şahsında kendisine inananlara bir yükümlülük olarak yükler. (38;87, 88. 36;69, 70. 21;106, 107. 25;1. 6;48, 69) Başta Hz. Peygamber olmak üzere onun etrafında halkalanan ilk müslümanlar mutluluk, barış ve huzur vadeden bu çağrıyı bir fazla insana götürmeyi sadece *dinî bir yükümlülük* olarak değil aynı zamanda *insânî bir sorumluluk* olarak da görürler. Bu sorumluluğun inanmayanlara karşı yerine getirilmesi işine "davet", inandıktan sonra Allah'ın emir ve yasaklarını çiğneyenlere karşı yapılanına da "el-emr bi'l-ma'ruf ve'n-nehy ani'l-münker" denir.

Buna göre, davetin gerçekleşebilmesi için iki şeyin birbiriyle buluşmasına ihtiyaç vardır: *İnsan* ve *İslâm*.

İslâm, öncelikle insanın yüreğini/kalbini hedef alır. Çünkü yürek kabul ve red, iman ve inkâr, sevgi ve nefret mahallidir. Eğer insanı bir ülke sayarsak, bu ülkenin başkenti yürektir. Beden ülkesi bu merkezden yönetilir. Bu merkezde gerçekleşir imanla şeytanın ezeli iktidar mücadelesi. İman da, şeytan da yüreği ele geçirme savaşı verirler.

Kalb, adı üstünde hem sürekli hareket halinde olan, hem de merkezi belli bir yerle sınırlı olmayan anlamına gelir.

Eğer yürekte iman iktidar olursa, el-ayak, göz-kulak, dildudak hep bu merkeze bağlı olarak hareket ederler. Çünkü onlar yüreğin taşrasıdırlar. Tersi de öyle, yürekte gerçekleşecek şeytanın hakimiyeti, tüm organları kendi amacına hizmet ettirir.

Yürek, nükleer güç merkezidir. Sevdiği zaman sevdiğine cennet, sevmediği zaman nefret ettiğine cehennem kesilir.

Yürek üzerinde mutlak tasarruf yalnızca Allah'a aittir. Bunu şu ayet çok güzel ifade eder:

"Eğer sen yeryüzünün tümünü bağışlasaydın onların kalplerini birbirine bağlayamazdın. Lakin Allah onların kalplerini birbirine bağladı." (8; 63)

Kâlp öylesine önemlidir ki, kişi bir inananın yapması gereken tüm şeyleri yapsa, lakin yüreği yaptıklarının yapması gerekenler olduğuna inanmasa, bu durumu o kişiyi münafık yapmaya yeter. Tıpkı şu ayette ifade edildiği gibi: "İnsanlardan kimileri "biz Allah'a ve ahiret gününe inandık" derler. Oysa onlar iman etmemişlerdir." (2;8. Ayrıca bkz. 49;14)

Fakat bunun tersi bir durumu, yani kalbinde iman olduğu halde zorlama halinde dilde kalan inkârı İslâm, küfür saymamış ve zorlama sonucunda dilin söylediğini değil, kâlpte olanı esas almıştır. (16;106)

Şu bir gerçektir ki, İslâm'ın insana ulaşması her zaman kendiliğinden ve kolayca gerçekleşmemiştir. Çoğu zaman insanla İslâm'ın arasına engeller girmiştir. Bu engeller kimi zaman tabii, kimi zaman beşeridir. Kimi zaman fiziki kimi zaman da manevidir. Hangi türden olursa olsun, bu engelleri kaldırıp İslâm'ı insanla buluşturacak kapıyı açma eylemine "fetih" diyoruz.

FETİH:
ŞEFKAT HAREKETİ

Fethin sözlük anlamı *kapalılığın giderilmesi, açma, yol gösterme, hüküm verme, zafer ve galibiyet*tir. Kelimenin ilk karşılığı olan 'kapalılığın giderilmesi' Ragıb'a göre iki şekilde olabilir:

1- Fizikî kapalılık ki, kapının açılması, yolun açılması, gözün açılması, sınırın, ülkenin, toprağın açılması bu cümledendir.

2- Manevî kapalılıktır ki, bu da zihnin açılması, aklın açılması, kalbin açılmasıdır. (*Müfredat, 383*)

Fethin kavramsal alanını ima eden bir anlamına daha şahid oluyoruz: Kaynağı olan bir suyun kendi yatağını bularak serbestçe akması. (*İbn Manzur, IV/3338*) Evet, bu son anlam galiba fethin mahiyetini de ele veriyor. Kaynak, evreni kudret elinde tutan yüce güç; su, o gücün insanın mutluluğu için gönderdiği mesaj; suyun aktığı yataksa, İslâm mesajının ilk aktarıcısı Rasul'den başlayıp o mesajın ulaştığı her insan. İşte fetih, İslâm adlı bu hayat suyunun, inkârın hararetiyle kuruyup çöle dönmüş insan yüreğine yürümesi için aradaki engellerin kaldırılarak kanalın açılması işlemidir.

İslâmî literatürde fetih, insana İslâm adlı mutluluğu ulaştırmak için insanla İslâm arasındaki engeli kaldırmak gayesiyle yapılan cihadın amaçlarıyla; istîla ve tegallüb gayesiyle yapılan işgal savaşının amaçlarının özündeki derin farkı vurgulamak için kullanılmıştır. *Cihad* kavramıyla *savaş* kavramı arasında nasıl bir nitelik farkı varsa, *fetih* kavramıyla *işgal* kavramı arasında da öylesine bir fark mevcuttur. İslâm dünyevi ve seküler olan savaş ve işgal kavramlarını hem içerik, hem yöntem, hem de form olarak tamamen reddedip onların yerine ahlâkî ve kutsal boyutları olan *cihad* ve *fetih* kavramlarını yerleştirmiştir.

İşte bu nedenle İslâm sırf dünyevi eğemenlik, toprak işgali ve insan esareti amacına ulaşmak için yıkım, ölüm, kan, kıtal ile gerçekleşen savaşın yerine; toprağı, toplumu ve insanın akıl ve yüreğini mutluluğa *açmak/fetih* için her türlü zihni (ictihat), kavli (davet), kalbi (dua ve istiğfar) ve fiili *çabayı/cihadı* yerleştirmiştir.

Fetih, Kur'an'da çeşitli türevleriyle birlikte 38 yerde kullanılır. Evlerin kapılarının açılması, gök kapılarının açılması, bela kapılarının *açılması*, nimet ve bereket kapılarının *açılması*, iman ve küfür toplumunun arasının ayrılıp hüküm verilmesi, Bünyamin'in yükünün, Yecuc ve Me'cuc'un önünün açılması, Cehennem ve Cennet kapılarının açılması, kıyamet gibi anlamlarda kullanılmıştır. Fetih, Nisa 141; Maide 52; Secde 28; Hadid 10; Saf 13; Nasr 1; Feth 18; Feth 27; Bakara 76, 89; Feth 1 ayetlerinde zafer, galibiyet ve yüreklerin imana açılması anlamlarında kullanılmıştır. Bu ayetlerin hiç birisinde fetih salt toprak işgali, siyasal, askeri ve ekonomik egemenlik anlamına kullanılmamıştır. Bu, belki "nasr" sözcüğüyle ifade edilmiştir.

Savaş Değil Cihad, İşgal Değil Fetih

İslâm'da fethin gerçek mahiyetini ele veren en güzel delil konumuzla aynı adı taşıyan Fetih sûresidir. Kesinlikle bilinen bir şey var ki bu sûre bir toprak kazanımının ardından değil, müslümanlar için görünürde çok ağır maddeler içeren Hudeybiye Antlaşması'nın ardından nazil olmuş ve bu durumu Kur'an sûrenin "Biz sana gerçekten apaçık bir fetih ihsan ettik" anlamındaki ilk ayetinde "*feth-i mubîn: apaçık bir fetih*" olarak nitelendirmiştir.

Ortada askeri bir operasyon yokken ihsan olunduğu ifade edilen bu "apaçık fetih" nedir?

Kuşkusuz Kur'an bununla "yürek fethi"ni kastederek, barış ortamında insanların İslâm'ın evrensel mesajına kafalarını ve kalplerini açacaklarını müjdelemiştir. Aynı sûrenin 18 ve 27. ayetlerindeki *"yakın fetih"* de gerçekte İslâm ile insanların arasındaki engellerin kalkacağına işarettir.

Fetih sûresi indirildiğinde, olan biten karşısında derin bir hüzün ve keder içerisinde bekleyen müslümanlara Hz. Peygamber sûrenin ilk ayetini kastederek şöyle diyordu:

> "Bana dünyanın tümünden daha hayırlı bir ayet indirildi." Peygamber'in bu sözü üzerine orada bulunanlardan Hz. Ömer "Şimdi bu fetih mi yani?" diye sorunca Rasulullah'ın cevabı netti: "Evet, fetihdir." (Taberi, Tefsir XI/333-334)

Nasr 1. ve Hadid 10. ayetteki "feth"in Mekke'nin fethine işaret olduğuna dair Hz. Aişe'den ve Mücahid'den nakiller vardır. (*Taberi, Tefsir XII/729-710*) Bu rivayetlerin doğru olması durumunda dahi, ayetlerdeki feth, askeri bir zefer, toprak işgali ve siyasal hakimiyete değil İslâm'la insanın arasındaki engelin kaldırılıp aklın ve kalbin yolunun açılmasına delalet eder. Mekke'nin fethine işaret eden kelime ayetteki "feth" değil "nasr" kelimesidir ve "askeri başarı" anlamına gelir.

Fetih kavramının, savaşla gelen kazanımların dışında kullanıldığı ilgi çekici başka bir ayet de şudur: "Eğer fetih istiyorsanız işte size fetih. Ve eğer bu sayede vazgeçerseniz, bu sizin için daha hayırlıdır. Yok, geri dönerseniz biz de döneriz. Topluluğunuz çok da olsa size birşey sağlayamaz. Çünkü Allah mü'minlerle beraberdir." (8;19) Bu ayet, son cümlesinden de açıkça anlaşılacağı gibi inkâr edenler hakkındadır. Tüm müfessirler içerisinde yalnızca Ubey b. Ka'b'dan gelen bir rivayeti delil göstererek Razi bu ayetin mü'minler hakkında olduğunu söylemiş, M. Esed de bu görüşü desteklemiştir. (I/324)

Bedir zaferinin hemen ardından nazil olan bu ayet, müslümanların askeri zaferini müşrikler için "fetih" olarak nitelendirmiştir. Bunun anlamı bizim yukardan beri vurgulamaya çalıştığımız anlamdır ki, o da mutluluk, barış ve esenlik demeye gelen İslâm'la insanın arasındaki engelin kaldırılıp kalbin ve aklın İslâm'a açılmasıdır.

Fethe, tagallüb ve işgalin zıddı bir anlam yükleyen Rasulullah, Medine hakkında şöyle buyuruyordu: "*Ülkeler ve şehirler zorla işgal edilirler; Medine ise Kur'an ile fethedilmiştir.*" (*Belazuri I/6*) Burada *feth* sözcüğü *işgal* yerine, Kur'an sözcüğü zor yerine kullanılmıştır. Hepimiz bilmekteyiz ki Medine üzerine bir ordu yürümemiştir. Medine ne savaş ne de sulh yöntemiyle elde edilmiştir. Aksine, bireysel ve sosyal bir dönüşümle Medine İslâm'ın beşiği olmuştur. Fakat Rasulullah Medine'nin *fethedildiğini* söylemektedir. O halde bu fethin adı olsa olsa "yürek fethidir".

Aslında, fetih kavramının doğrudan savaş, toprak işgali, askeri başarı anlamına gelmediği "anveten" sözcüğünün kullanılışından da kolayca anlaşılır. Eğer bir belde savaş yoluyla ele geçerse bu yalın bir biçimde fetih kavramıyla ifade edilmez, "zor yoluyla" anlamına "anveten"le ifade edilirdi.

İslâm, davet metodolojisinde önceliği barışçıl yöntemlere verir. Davette ısrar ve tekrarı öne çıkarır. (42;15. 3;20,104. 22; 67) Rabb'in yoluna davet ederken hikmet, güzel öğüt, zaman ve ortama uygun yöntemler tavsiye eder. (16;125) Bu davet sırasında başa gelecekleri sabır, metanet ve dirençle karşılamayı emreder. (9;11. 73;10. 16; 82)

İslâm savaş realitesini reddetmez. İslâm, savaşın salt dünyevi işgal, siyasal egemenlik, sömürü gibi emperyalist duygularla yapılmayacağını dost düşman herkese göstererek, savaşı daha yüce bir hedef olan insanın mutluluğu önündeki engelin kaldırılması amacına matuf kılmıştır. Savaş kaçınılmaz olduğunda o günün dünyasında olmayan *savaş ahlâkını* getirmiştir: "Sizinle savaşanlarla Allah yolunda savaşın fakat aşırı gitmeyin; doğrusu Allah aşırı gidenleri sevmez." (2;190)

Hz. Peygamber Mekke'nin fethi günü şu emri veriyordu: "Yaralıyı öldürmeyiniz, kaçanı takip etmeyiniz, esiri öldürmeyiniz, kapısını örten güvenliktedir." (*Belazuri I/55*)

İslâm, savaşı dini dayatma aracı kılmamıştır. Bu konuda

Kur'an'ın buyruğu açıktır: "Zorlama, dinde yoktur." (2; 256) Bu ünlü ayette "zorlama" anlamına gelen "ikrah" belirsiz olarak gelmiştir. Bunun anlamı "zorlamanın her türü" demektir. Müslümanlar, bu İlâhî buyruğa sadık kalmışlar insanların inançlarına müdahale etmemişlerdir.

Zorla Değil Gönülle

Bir âdem, bir âlem.

İşte fetih ideolojisi: Bir insanın dirilişi tüm insanlığın dirilişidir, bir insanın ölümü de tüm insanlığın ölümü. (5;32)

Her mü'min, bir gönül sakası gibi, mutluluğun öbür adı olan İslâm'ı insanlığa taşıyan bir fetih işçisidir. Her fetih işçisi bir güneş rolünde, güneş kadar müslüman/teslim olmuş, güneş kadar cömert. Işığını yalnız yaban güllerine değil zehirli zakkumlara da; yalnız masum kuzulara değil yırtıcı sırtlanlara da; yalnız tavşanlara değil çıngıraklı yılanlara da; yalnız İbrahimlere değil firavunlara da ulaştırıyor.

Yarasalar mı? Onlar güneşe gözlerini kapıyorlar. Güneşten rahatsız oluyorlar. Bundan güneşe ne zarar gelir? Gözlerini kapayan dünyayı kendisine zından eder. Kendi karanlığına mahkûm olur. Lakin dünyayı başkalarına zından edemez.

Hakikat tıpkı güneş gibidir. Kaynağı vardır ve tektir. Hakikatten bir şey taşıyan herşey ve herkes ışığını ondan alır. Ona yakın olduğu kadar aydınlık, ondan uzaklığı kadar karanlıktır.

Kendisini hakikate doğru açıdan konuşlandıran herkes mükemmel bir yansıtıcı olabilir. Tıpkı ay gibi, Muhammed gibi. Peygamberler vahiy ışığını kaynağından alıp hem aydınlanır hem aydınlatırlar. Bu silsile böyle sonsuza kadar devam edip gidebilir.

Sorun iyi bir yansıtıcı olabilmekte. İnsandan insana hakikati yansıtan ayna yürektir. Eğer yürek aynasının sırçası sıyrılmışsa, aldığı ışığı yansıtamayacaktır. Işığı başkalarına taşımayan yürek "kâlp" olma özelliğini yitirmiştir. O yürek, bakıma muhtaç bir yürektir. O yürek, hastalanmaya yüz tutmuş bir yürektir. Bundan da kötüsü, ışığa kapısını kapamış sırtını dönmüş bir yürektir. İşte o yürek İlâhî ifadeyle mühürlenmiş bir yürektir. Taş gibi, hatta taştan daha da katı, acınılası bir yürektir. Taşa söz geçer o yüreğe geçmez, taş ağlar o yürek ağlamaz, taş yeşerir o yürek yeşermez.

Ölü yürekleri geçip, henüz ölmemiş lakin aynı zamanda bulmamış ve olmamış yüreklere gerçeğin sağaltıcı soluğunu taşımak; işte fetih bu.

Emniyet ve hürriyetin sahici garantisi olan Tevhidi ve huzurun ve barışın yegâne garantisi olan adaleti insana ve insanlığa taşımanın yolu yürekler arasında köprüler inşa etmekten geçiyor. Bu köprülerden, önce sevginin orduları geçecek, ellerinde taşıdıkları saadet tohumlarını, uğradıkları her yüreğe baştan başa ekecekler. Çölleşen yüreklerin erozyonu böyle önlenecek. Nefret tarlalarında, muhabbet tohumları sürgün verecek. Hakka gül, batıla diken olacak. Sevince cennet, kızınca cehennem kesilecek.

İnsanla İslâm arasına gerilen engellere teksif edecek nefretini, hiddetini, şiddetini. Bunun gerekçesi de sevgi olacak. Çok sevdiği insanı mutluluğun öbür adı olan İslâm'dan mahrum bırakan engele duyduğu nefretin şiddetinin, insana duyduğu sevginin büyüklüğüyle doğru orantılı olduğunu bilecek. İnsanla insanın mutluğu, ışığın kaynağı, gerçeğin mesajı arasına gerilen her engelin kaldırılmasının insana duyulan sevginin en büyük isbatı olduğunu bilecek.

Fetih İşçileri: Gönül Fatihleri

İskender, Sezar, Darius, Konstantin, Muaviye, Abdülmelik, Cengiz, Timur, Fatih, Kanûnî, Napolyon ya da Mısır, Yunan, Roma, Bizans, Sâsânî, Emevi, Abbasi, Osmanlı, Birleşik Krallık, ABD...

Bütün bunların hakimiyet alanının büyüklüğüyle bir tek

insan gönlünün büyüklüğü arasında bir karşılaştırma yapsanız, hangisinin hakimiyet alanı daha büyüktür dersiniz?

Bu soru karşısında hiç tereddüt etmeden diyebilirim ki; bir tek insanın gönlü yeryüzünün en büyük imparatorluğundan daha büyüktür. Ve elbette bir yüreği fetheden yürek fatihi, tüm yeryüzünü istila eden bir cihangirden daha büyük bir zafer kazanmıştır.

Hayber fethi öncesidir. Genç Ali (r.) atının üzerinde, elinde kılıcı, hamasi şiirler okuyarak bir sağa bir sola hamleler yapmaktadır. Onu izleyen Allah Rasulü "gel" anlamında işaret eder ve der ki:

> "Yavaş ol ey Ali, v'Allahi senin elinle bir kimsenin hidayet bulması, güneşin üzerine doğduğu her şeyden (ya da: kızıl tüylü develere sahip olmandan) daha hayırlıdır." (*Buhari, Cihad 4/58, F. Sahabe 5/23; Megazi 5/171; Müslim, F. Sahabe 2406*)

Bölgenin en stratejik yerleşim birimi olan Hayber'in ele geçirilmesi hiç kuşkusuz büyük bir askeri başarıdır. Hayber'in müslümanlarca ele geçirilmesi Medine İslâm devleti için bir dönüm noktası olmuştur. Bu zaferden sonra Mekke müşrikleri bir daha Medine üzerine yürüyememişlerdir.

Bütün bu gerçeklere rağmen Rasulullah'ın mesajı açık: Bir yüreği kazanmak, değil Hayber gibi stratejik bir bölgeyi kazanmaktan, dünyanın tümünü ele geçirmekten daha önemli ve kazanan insan için daha kârlıdır.

Gelmiş geçmiş hiç bir komutan, hiç bir imparator, hiç bir cihangir, hiç bir lider olaya böylesine insan merkezli bakamaz. Hiç bir örnek, bir tek insanın ebedi mutluluğuna vesile olmanın ne büyük ödül olduğunu bundan daha güzel ortaya koyamaz. Ve ancak bir peygamber, insan yüreğini tüm fetihlerin zirvesine oturtur.

Dünya merkezli, toprak merkezli, makam ve iktidar merkezli, devlet ve egemenlik merkezli bir bakışaçısı, böylesine yüce bir tavrı anlamakta zorlanacaktır. Hatta, bu yaklaşımın yanlış olduğunu, siyasal iktidarın, askeri başarının, devlet hakimiyetinin bir değil binlerce insanın hidayetine medar olacağını düşünenler bile çıkacaktır.

Hayır, tarihi gerçekler gözönüne alındığında durum hiç de öyle görünmüyor. Yani siyasal iktidarın, askeri başarının ve devlet egemenliğinin yürek fethinin hiç de garantörü olmadığının bir çok tarihi örneği var. Bu örnekler de yukarda dile getirilen peygamberî yöntemin ne denli isabetli olduğunu gösteriyor.

İşte birkaç örnek.

Risalet süresince en zor dönem hiç şüphesiz Mekke dönemidir. Ancak, Saadet Asrı İslâm inkılabı, bu dönemde kalbi fethedilen insanların omuzlarında yükselmiş, Medine döneminin siyasal açıdan en görkemli ve hakimiyet açısından en yaygın, askeri açıdan en başarılı dönemlerinde dahi insan kazamını açısından sayıda değil ama kalitede o zor ve mahrum dönemlerdeki kazanımların seviyesine ulaşılamamıştır. Hatta, şöyle bir iddiada bulunmak dahi aşırı bir yaklaşım olarak değerlendirilmese gerektir: Zor zamanların kazanımı olan bir avuç insanın yaptığı muhteşem İslâm sitesini kolay zamanların kazanımı olan "tuleka" kısa bir süre içerisinde temellerinden sarsmıştır.

Yine İslâm akınları Anadolu'ya, Armenia'ya, Azerbaycan'a, Fars Körfezine, Kafkasya'ya ve hatta Orta Asya'ya daha hicretin ilk 50 yılında (miladi VII. yüzyılın ikinci yarısı) yapılmıştı. Bu bölgelere, İslâm imparatorluğunun en görkemli ve güçlü zamanlarında defalarca yapılan İslâm akınları bu bölgelerin yerli halklarında ciddi bir İslâmlaşmaya neden olmamıştır. Şaşılacak bir gerçektir ki, adı geçen bu bölgelerde İslâm'ın yerli halkların gönüllerini fethetmesi ilk akınlardan yaklaşık 200 yıl sonra IX. ve X. yüzyıllarda ve üstelik İslâm'ın siyasal olarak çok zayıf ve paramparça olduğu bir dönemde gerçekleşmiştir.

Bundan daha ilginç bir örnek de İspanya'dan. Endülüs İslâm Devleti, İspanyol ve Fransız ortak güçler eliyle şehir şehir yıkılıp müslümanlar tarihte eşine rastlanmamış bir katliama tabi tutulurken, cezalarının ölüm olduğunu bile bile gayrı müslim İspanya yerlileri topluca İslâm'a giriyorlardı. Bu tarihi gerçeği ünlü İngiliz tarihçi T. W. Arnold şöyle dile getirir: "İslâm, İspanya'daki varlığının en son gününe kadar mühtedi kazanmayı sürdürmüştür." (*İslâm'ın Yayılış Tarihi, s. 153*)

Yine başka bir İngiliz tarihçi Endülüs İslâm Devleti'nin yönetim merkezi Gırnata(Grenada)'nın düşüp içerisinde yaşayan tüm müslümanların hıristiyan olmakla ölmek arasında seçime zorlanmasının üzerinden 7 yıl sonra dahi İslâm'a girişlerin sürdüğünü itiraf eder.

Kur'an Tarihi eseriyle haklı bir şöhret kazanan ünlü oryantalist Theodor Nöldeke, İslâm'ın yayılışının kılıçla olduğu tezini reddederek bu iddiada bulunan meslektaşlarına Suriye örneğini gösterir ve der ki:

> "Pers krallarının onca zulümlerine rağmen dinlerinden döndüremediği Suriye Hristiyanlarını İslâm zor kullanmadan nasıl müslüman etti?" (*İzzeti, 124*)

Hindli tarihçi el-Cüzecânî, Delhi'de Seyyid Eşrefüddin'den dinlediği bir olayı aktarır. Bu olay, gönül fethiyle kazanılan bir insanın işkence altında can vermesine rağmen yeni girdiği dini terketmediğinin çok ilginç bir örneğidir:

> "Semerkand hıristiyanlarından herhangi biri İslâm ile şereflenince, bu beldenin müslüman halkı o kişiyi bağırlarına basar ve ona büyük izzet ve ikram gösterirlerdi. O dönemde Çin'in güç sahibi Moğollarından biri Semerkand'a girer. Nüfuz ve kudret sahibi olan bu Moğol'un gönlü hıristiyanlığa meyilliymiş. Semerkand hıristiyanları bu nüfuzlu Moğol'un önüne gelip derlermiş ki: "Müslümanlar çocuklarımızı hıristiyanlıktan çıkarıp Muhammed'in dinine sokuyorlar. Bu gidişle bütün kapılar yüzümüze kapanıp torunlarımız hıristiyanlıktan uzaklaşacak. Sen bu konuda bize yardım edebilecek güce sahipsin." Bu şikayet üzerine nüfuzlu Moğol, müslüman olan hıristiyan gencinin huzuruna getirilmesini emreder. Hıristiyanlar yalvarıp yakararak, para ve mal vaadiyle o genci İslâm'dan çıkmaya ikna etmeye çalışırlar. Fakat o genç bunu

reddeder. Moğol yönetici bunun üzerine gence en ağır işkenceleri reva görür. O genç bu işkenceler altında ölünceye dek İslâm'da sebat eder ve sonunda ruhunu teslim eder. Bu olaydan hayli etkilenen ve üzüntü duyan Semerkand İslâm Cemaati bir dilekçe yazarak bir kurul eliyle bunu Berke Han'a ulaştırır. Olay Berke Han'a aktarılıp İslâm hakkında Berke Han'a bilgi verilince Moğol Hakan'ının gönlünde İslâm'a karşı bir sevgi belirir ve sonunda müslüman olur." (*Cüzecânî, Tabakat, Calcutta, Nasırî neş., 1864, s.448-449.*)

Bu bağlamda, tarihi bir gerçeği daha hatırlamakta yarar var. Moğollar, çekirge sürüleri gibi XII ve XIII. yüzyılda İslâm topraklarını baştan başa harabeye çevirdiler. Mamur İslâm kentlerini yerle bir ettiler, insanlarını katlettiler, kıymet biçilemez dev İslâm kütüphanelerini yaktılar. Bu korkunç vahşetin kahramanları olan Moğollar galip, müslümanlar da mağlup olan taraf olmasına rağmen aradan çok geçmeden galipler mağlupların dinine girerek müslüman oldular. İslâm'ın muhteşem sanat eserlerini hoyratça yerle bir eden vahşi ve bedevi Moğollar'ı İslâm kısa sürede medenileştirdi. Hâlâ İslâm medeniyetinin sanat şaheserlerinden biri olarak göz kamaştıran Taç Mahal, bu ulusun İslâm sayesinde nereden nereye geldiğinin çarpıcı bir örneğidir.

İslâm'ın gönül fethinin en güzel delili, İslâm'ın yayılış tarihi üzerine çaplı bir araştırmanın yazarı olan T. W. Arnold'un şu itirafıdır:

"İslâm en büyük insan kazanımlarını siyasal gücünün en zayıf olduğu zaman ve mekanlarda gerçekleştirmiş olduğuna inananlardanım." (*Arnold, s. 265*)

İKİNCİ BÖLÜM

FETHİN BOYUTLARI

Allah'tan İnsana Fetih: Vahiy

Allah'tan insana fethin iniş sürecinin dikey boyutu "vahiy" ve yatay boyutu "üflenen ruh"un, tıpkı suyun toprağa can vermesi gibi insanın fizik ve metafizik varlığına can vermesi, Secde sûresinin 1-9. ayetlerinde çok güzel dile getiriliyor. Parça parça vermeye gönlüm elvermedi. Haydi hep birlikte, olayı sembolik ifadelere ve metaforik söz kalıplarına takılmaksızın Allah'tan insana fetih bağlamında düşünerek okuyalım:

"Elif-Lâm-Mîm

"Bu Kitab'ın indirilişi, hiç kuşkusuz âlemlerin Rabbindendir. Ama onlar, onu (Muhammed) uydurdu diye iftira ediyorlar.

"Asla! O, Rabb katından bir hakikat olup senden önce hiçbir uyarıcıyla karşılaşmamış olan bu toplumu doğru yola gelsinler diye uyarabilmen içindir.

"Allah'tır gökleri ve yeri ve ikisinin arasında bulunan her bir şeyi altı aşamalı bir süreçte yaratan ve sonra otorite ve hakimiyet tahtına kurulan. Ne sizi O'na karşı koruyacak, ne de size şefaat edecek birini bulabilirsiniz. Buna rağmen hâlâ düşünüp aklınızı başa almayacak mısınız?

"Gökten yere, tüm sistemi o kurar ve idare eder. Ve sonunda tümü sizin hesabınıza göre bin yıl kadar süren bir günde (hesabı görülmek üzre) O'nun katına yükselir.

"İnsan idrakinin kavramakta acze düştüğü şeyleri de, idrakin kavrayabileceği şeyleri de bilen O'dur. O, değeri kendinden olandır, rahmet kaynağıdır. Yarattığı her şeyi kapasitesinin sınırına taşıyan O'dur. Nitekim insanın yaratılışını da balçıktan başlatmıştı. Sonra çok basit bir özsudan soyunu sürdürmüştü. Sonra ona düzgün bir şekil verip kendi ruhundan üflemişti. Ve (en sonunda) sizi hem işitme ve görme, hem de düşünce ve duygularla donatmıştı. Ne kadar da az şükrediyorsunuz!" (32;1-9)

Bu ayetler hem Allah'tan insana hem de insandan Allah'a çift yönlü fetih sürecini ele veriyor. Özellikle 5. ayette ifade edilen "gökten yere" yani "yukarıdan aşağıya" doğru olan fetih süreci *vahiy* ve *nefha-i ruh* olarak işliyor. Yine aynı ayette bu sürecin tek yönlü bir süreç değil, aksine "aşağıdan yukarıya" doğru işleyen bir de ikinci boyutu olduğu açıkça beyan ediliyor. Yani fetih Allah'la insan arasında gerçekleşen sürekli bir iletişim olarak ortaya çıkıyor. Biz burada, fethin sadece "yukarıdan aşağıya" gerçekleşen boyutunu ele alacağız.

el-Fatih, Allah'ın sıfatlarındandır. Kur'an'da O'nun açma işini en güzel şekilde yaptığı vurgulanır. (7;89) Başka bir ayette de bu isim-sıfat mübalağa vezniyle gelir: "*el-Fettah*". (34;26) Arapça'da bu form, açma işini kendisine meslek edinen için kullanılır. O, el-Fettah'tır. Sürekli ve mükemmel bir biçimde açan, açma işini en güzel ve münasip bir surette yapan demektir.

İnsan idrakinin kavramaktan aciz olduğu "gayb"ın anahtarları da O'nun elindedir. O, sadece idrak edilebilen somut kapalılıkları açmaz; aynı zamanda insanın kavramakta acze düştüğü, aklın kapasitesinin yetmediği soyut, metafizik kapalılıkları da açar. Gaybın anahtarlarının O'nun katında olması (6;59) bu anlama gelir.

Nasıllığını aklın idrak etmekte acze düşeceği kapalılıklardan biri de kalbin kapalılığıdır. Yürek derken, anatominin konusu olan ve vücuttaki kan dolaşımını sağlayan organı kastetmediğimiz çok açık. Yürek/kalp derken kastettiğimiz organ imanın, sevginin, nefretin, kabulün ve reddin makarrı olan, yüzölçümünü hesaplamaya rakamların yetmediği, yere göğe sığmayanı konuk eden, şairin

"bende sığar iki cihan
ben bu cihana sığmazam"

dediği manevi organdır. Bu fiziküstü organın hastalıkları da kendisi gibi mânevidir. Bu gerçeğe Kur'an defalarca parmak basar:

"Sağırdırlar, dilsizdirler, kördürler; ve onlar için geri dönüş yoktur." (2;18)

"Allah onların kâlplerini ve kulaklarını mühürlemiştir ve gözlerinin üzerinde de bir perde vardır." (2;7)

"Kalpleri hastalanmıştır. Allah hastalıklarını daha da artırmıştır." (2;10)

"Ardından yine kalpleriniz katılaştı; taş gibi hatta daha da katı oldu." (2;74)

"Yok yok, aksine kalplerini karartmıştır yaptıkları işler." (83;14)

"Hiç yeryüzünde gezmezler mi, ki akleden kalpleri, işiten kulakları olsun. Çünkü, gözler kör olmaz. Fakat asıl kör olanlar göğüslerdeki kalplerdir." (22;46)

Ve böyle devam edip gidiyor.

İşte bütün bu ayetlerde sözü edilen şey, yüreğin hakikat karşısında aldığı aykırı konumdur. Bu da hakikate karşı ya iç ya da dış kaynaklı bir engelle kapanmasıdır. Kur'an, yüreğin hakikate karşı bir daha açılmamak üzere kapanmasına *mühürlenme,* hakikati farkedemeyecek kadar ışıksız kalmasına *körlük,* hakikati yansıtamayacak kadar sırçasının dökülmesine *kararma,* hakikati yanlış ve yanlı algılayışına hastalık, duyarlılığını yitirmesine de *taşlaşma* diyor.

Bunların tümü de kapanmanın bir türüdür ve böyle bir yüreği açacak olan da *el-Fettah* olan Allah'tır. Allah'ın kapalı kaldığı için karanlıklara gömülen bir yüreği ışığa açmasına *hidayet* diyoruz.

Gözün görmesi için ışığın fonksiyonu neyse, yüreğin inanması için de hidayetin fonksiyonu odur. Işık olmayınca göz açık olsa da nasıl göremezse, hidayet nuru olmayınca da yürek hakikati göremez. Bu anlamda hidayet İlâhî mesajdır, ki Kur'an Fatiha ile Allah'tan hakikati görecek bir İlâhî ışık isteyenlere cevap verircesine hemen bir kaç ayet sonra "Elif-Lam-

Mim. İşte, kendisinde şüphe olmayan bu Kitab Allah'a karşı sorumluluk bilinci duyanlar için bir hidayettir." der. (3;2)

Şu durumda Kur'an *Fettah* olan Allah'ın kalpleri hakikate karşı açan anahtarıdır. *Vahiy* bir fetih olayıdır. *Nübüvvet* bir fetih kurumudur. *Risalet* bir açış operasyonudur. Fettah olan Allah vahiyle hakikatin kaynağı olan zatından insana doğru bir yol açar. Bu açış, insana Allah'ın bir lutfu, bir ihsanıdır. Her lûtuf bir şükür ister; tıpkı konunun girişindeki ayetler grubunun sonunda "Ne kadar da az şükrediyorsunuz!"da ima edildiği gibi, Allah'tan insana yönelik fetih olan vahyin şükrü, insandan Allah'a yönelik fetih olan *ibadet*tir.

İnsandan Allah'a Fetih: İbadet

Vahiy, Allah'ın insana olan sevgisinin ifadesi.

İbadet, insanın Allah'a olan sevgisinin ifadesi.

Vahiy, Allah'ın insanla kurduğu ilişkinin aracı.

İbadet, insanın Allah'la kurduğu ilişkinin aracı.

Vahiy, Allah'ın insana gönderdiği davet mektubu.

İbadet, insanın Allah'ın davetine verdiği kabul cevabı.

Vahiy, yukarıdan aşağıya fetih.

İbadet, aşağıdan yukarıya fetihtir.

Vahiy aşkının içkine olan ilgisi, ibadet bu ilgiye verilen karşılıktır. Namaz, işte bunun için "mü'minin miracıdır". Yani aşağıdan yukarıya doğru fetih ameliyesidir. Buhari'nin naklettiği kudsî hadiste geçen "Kulum bana nafilelerle öyle yaklaşır öyle yaklaşır ki, sonunda ben onun tutan eli, gören gözü, işiten kulağı olurum..."un anlamı da budur.

Haccın, kelime anlamı da "gidip-gelmek"tir. Aslında, bir mekandan bir mekana doğru yapılan yatay ve fiziki gidiş-geliş, Allah-insan ilişkisindeki derinliğine ve fizikü̈stü çift yönlü fethi sembolize eder.

Oruç ve Zekat, tabir caizse, bu çift yönlü fetih sürecinde batınî ve zahirî arınma yöntemleridir.

Kulluk bir uzun yürüyüştür. Bu yürüyüş, insanın tarih içerisindeki yatay yürüyüşünün aksine dikey ve mütekamildir. Rabb oluşun sırrı da burada yatmaktadır: Eşyayı kademe kademe kapasitesinin sınırına taşıma... Bu işe *terbiye* adı verilmektedir.

İnsanın terbiye süreci bitimsiz bir hicrettir. İnsansa müebbed muhacirdir. İnsan iki yönlü hicretini, ya "ahsen-i takvim"e doğru yücelerek pozitif bir biçimde gerçekleştirir, ya da "esfel-i safilin"e doğru alçalarak negatif bir biçimde gerçekleştirir. Aslında insanın bu çift kutuplu hicret serüveni topyekün insanlığın da serüvenidir.

Allah'a doğru yürüyüşünde önü sık sık kesilen insanlığın önünü açmak ve yürüyüşün devamını sağlamak için; Allah, peygamberler ve onlar aracılığıyla mesajlar göndermiştir. Ne var ki insan, kendi eliyle kendi önünü tıkayacak engeller icad etmekten geri durmamıştır.

Tüm peygamberler, bu yanıyla birer fetih işçisidirler ve vahiy üssü olan yüreklerini insanlığa sebil gibi açmışlardır. Elbette bu açış, her zaman hüsnü kabul görmemiş ve hatta İlâhî mesajla insan arasına bir çok engeller girmiştir. Tüm peygamberler, İlâhî mesajın insana ulaşması için araya gerilen bu engellere karşı amansız bir mücadele sergilemiş, onlardan kimileri bu uğurda hayatlarını kaybetmiştir. İnsandan insana fethe *cihad* demektedir Kur'an.

İnsandan İnsana Fetih: Cihad

Cihad, insanın mutluluğuna giden yoldaki engeli kaldırmaktır.

Cihad, *savaş* sözcüğünün karşılığı olarak kullanılamaz. Cihadla savaş arasında hem nitelik hem nicelik farkı vardır. Savaş salt askeri bir operasyon olup güce dayalıyken, cihad askeri operasyon da dahil İlâhî amaçlar uğruna gösterilen her tür çabayı kapsar. Bu kavramın çok geniş olan anlam alanını vurgulamak açısından aynı kökten türetilen kimi akraba kelimeleri anmamız gerekiyor.

İçtihad: Düşünsel cihada verilen addır.

Müçtehid: Düşüncenin mücahidine verilen addır.

Mücahede: İnsanın beşeri arzu ve isteklerine karşı verdiği mücadelenin adıdır ve gönül cihadıdır.

Aslında cihad, kutsal bir amaç uğruna ortaya konulan fiilî, fikrî ve kalbî her tür çabanın ortak ismidir.

İslâm, kilise dini gibi savaş realitesini görmezden gelerek reddetmez. Böyle bir yaklaşım gerçekçi de değildir. Çünkü savaşın tarihi insanlık tarihiyle yaşıttır. İslâm, savaşı siyasal, sosyal ve ekonomik hegemonya aracı olmaktan çıkararak İnsânî amaçların gerçekleşmesinde gerektiğinde başvurulacak bir yöntem olarak görür. Savaş, özünde profan ve dünyevî iken, cihad kutsal ve uhrevi boyutları olan bir ibadettir.

İbadettir, çünkü cihad bir insanın başka bir insana mutluluğu taşıması olayıdır. Bu yanıyla cihad bir *yürek fethi*dir. Savaşın ölüsü "kayıp" olarak anılırken, cihadın ölüsüne kazanç diye bakılır ve "şehid" olarak anılır.

Şehid, *hakikatin ölümsüz tanığıdır*, şehadetse tanıklık.

Şehid çağın, insanın ve insanlığın tanığıdır. Dahası, yaradılanı Yaradandan ötürü sevmenin ve bu sevgiyi insanın ebedi mutluluğu için can vererek isbat etmenin tanığıdır. İşte bu nedenle *şehadet en büyük aşk, şehid en büyük aşıktır.*

Şehid, canını imanına şahid kılandır. Şehid, örnek olan ve olunandır.

İnsanın insana verebileceği en güzel hediye mutluluktur. Cihad, bu hediyenin sermayesidir. İnsanın mutluluğu için dökülen üç damla kutsaldır: Kan, gözyaşı ve alınteri. Bütün bunlar yüreklerin birbirine açık olduğu bir dünyanın kurulması için sarfediliyorsa kutsallık kazanır. Yüreklerin birbirine açık olduğu bir dünya, fetih medeniyetinin emelidir.

İslâm, Orta Afrika'dan Doğu Hind adalarına, Merakeş'ten Zengibar'a, Batı Afrika'daki Sierra Leone'den Sibirya'ya, Bosna-Hersek'ten Yeni Gine'ye, Senegal'den Çin'e kadar savaşla değil, insandan insana fetih anlamına gelen işte bu cihad ruhuyla ulaşmıştır.

Kimileri İslâm'ın yukarda saydığımız bölgeler dışındaki yayılışını devlet zoruna ve cizyeye bağlamışlardır. Oysa ki Fuat Köprülü'nün de haklı olarak tesbit ettiği gibi "Emeviler, Abbasiler ve hatta Osmanlılar döneminde devlet topluca İslâm'a girişleri teşvik etmek şöyle dursun, cizye gelirlerinin azalacağı gerekçesiyle mümkün olduğu kadar zorlaştırmışlardır." (*F. Köprülü, İ.M.T. s. 104*)

İkinci iddianın tutarsızlığını biz değil yine batılı İslâmologlardan Ignaz Goldziher ve Asin Palasios versin: "İslâm'ın yayılışını cizyeden kurtulma isteğine bağlamak da mantıklı değil. Çünkü cizyeden kurtulmak için müslüman olan biri ondan hiç de aşağı olmayan zekatı vermek zorunda olacaktı."

İslâm'ın, yayılışının zor kullanılmadan gerçekleştiğini ifade eden bir başka batılı şu gerçeği itiraf eder: "Ne gayrı müslimleri düzensiz bir şekil altında müslüman olmaya zorlama girişimlerine dair, ne de hıristiyanlığı ortadan kaldırmak için katliam yapıldığı hakkında hiçbir şey işitilmemiştir." (*Arnold, s. 92*)

İnsanla, insanın mutluluğunun öbür adı olan İslâm arasına kimi zaman da insan gerilebilir. O zaman o insan ya da insanların İslâm'la insan arasından kaldırılması insanlığın değişmez değerlerine bağlı her kişinin boynunun borcudur. Kur'an'ın, "Küfrün önderleriyle savaşın. Çünkü onlara güvenilip de anlaşma yapılmaz. Umulur ki vazgeçerler" (9;12) emri, o önderlerin sıradan insanlarla İslâm arasında engel oluşturduğu içindir. Eğer onlar, İslâm'la insan arasına gerilmekten vazgeçerlerse İslâm'ın onlarla bir alıp veremeyeceği yoktur. İslâm onlarla küfürlerinden dolayı değil, insanın mutluluğuna engel oldukları için savaşılmasını emretmektedir.

İnsanla İslâm arasına gerilen ve fizikî olmayan engellerden biri de İslâm'a karşı propaganda savaşına girerek ürettiği yalan haberlerle İslâm'ın imajını kitlelerin gözünde lekelemeye çalışan muzır unsurlardır. Hz. Peygamber döneminde bu işi cahiliyye şairleri yapıyorlardı ve Rasulullah onları işledikleri bu insanlık cinayetinden dolayı Mekke fethi sırasında ilan ettiği genel affın dışında tuttu. Oysa, Amcası Hamza'nın katilini dahi bu af bağlamında bağışlamıştı. Hakkında "insana ihanet" suçundan dolayı vur emri çıkarılan altı kişiden üçünün cezası infaz edilmiş üçü de suçunu itiraf edip İslâm'a teslim olunca affedilmiştir.

&

İnsanlık tarihinin hiç bir döneminde insanlararası ilişki modern zamanlardaki kadar kopuk olmamıştır. İnsanlık, insanların birbirlerine bu denli müstagni olduğu bir başka dönem yaşamamıştır.

Bu dehşet bir paradosktur. İletişim teknolojisinin göz alıcı bir seviyeye geldiği, mesafe ve uzaklık mefhumunun kaybolduğu, insanların yazılı, sesli, görüntülü iletişim araçlarıyla birbirlerine anında ulaşabildiği, mekanları birbirinden ne denli uzak olursa olsun insanların buluşmalarının artık sadece saatler üzerinden hesaplandığı bir dünyada yaşamamıza rağmen insanlar hiç bu kadar yalnızlaşmamış, insanlık hiç bu denli yalnızlaştırılmamıştı.

"Mahşeri yalnızlık" diyorum ben buna. Modern insan bu yalnızlığını unutmak ya da gizlemek için teknolojinin büyülü araçlarına sarılıyor. Aslında gazete, insandan boşalan yeri doldurmak için icad edilmiştir. Radyo ve televizyon da öyle. Peki, bu modern araçlar insandan boşalan yeri doldurabilmişler midir? Ne mümkün! İnsanın yerini, ne kadar gelişmiş olursa olsun, hangi alet tutabilir ki?

Şu halde, insan bir illüzyona kurban edilmiş ve edilmektedir. Yürekler arası eskiden var olan yollar kullanılmaya kullanılmaya unutulmuş, yeni yollar açılmamış, hatta yürekler arasına modern çağ, modern Berlin Duvarları ve Çin Setleri inşa etmiştir. Yürekler arasına inşa edilen tüm modern engellerin harcı da *ideolojiler* olmuştur.

İlâhî öğretinin amacı, yürekler arasındaki tüm engellerin kaldırılarak insanın insanla *insanlıkta eşliğinin fıtratta kardeşliğinin* temin ve tesis edilmesidir.

Yürekler arasına gerilen bu engelleri yıkmak, Berlin Duvarı'nı yıkmaktan daha güçtür. Bunun için bir gönüllüler ordusunun seferberliğine ihtiyaç vardır. Cihad, işte bu seferberliğin adıdır. Bu ordu, yürekler arasına gerilmiş tüm engelleri yerle bir edecek, gönüller arasında bir iletişim ağı kuracaktır.

Bu engeller, kimi zaman maddi, kimi zaman manevidir. Kimi zaman fiziksel, kimi zaman düşünsel kimi zaman da duygusaldır. Kimi zaman resmî, kimi zaman da gayrı resmîdir. Kimi zaman bireysel, kimi zaman toplumsal, kimi zaman da kurumsaldır. İnsanla insan arasındaki bu engel bazen de doğrudan insan olabilmektedir.

Her ne olursa olsun, insanın mutluluğu önünde durmaya kimsenin hakkı yoktur. İnsanın mutluluğuna giden yolu tıkamanın hiç bir geçerli mazereti olamaz. Mutluluğa bedel olarak elde edilen hiç bir getiri insan ve insanlık için sahici bir kazanç değil, gerçek bir kayıptır. Ebedi saadeti vererek aldığınız hiç bir şeyden kârlı çıkamazsınız.

İçerisinde yaşadığımız toplum, kendisine 70 yıldır dayatılan modernleşme projesinin kurbanıdır. Uyuşturucu ve fuhuş gibi ahlâkî deformasyonun, AIds gibi hastalıkların, kimi zaman sonu intihara varan nevroz, ansiyete, melankoli, şizofreni ve depresyon gibi ruhsal bozuklukların, modernleşmesini tamamlayan kesimler arasında sıradan halka göre daha yaygın ve ileri düzeyde olması, modernleşme projesinin geldiği trajik sonucu ayan-beyan ortaya koymaktadır.

İlginçtir, yine modernleşmesini tamamlamış kentsoylu sınıflar arasında modernizmin mekanik ve gayrı insâni dünyasından sıkılıp kendisine daha insâni ve ahlâkî dünyalar arayan hiç de küçümsenmeyecek bir kesim ortaya çıkmıştır. Bu insanlar, modernizmin profan dünyasında soluyamadıkları manevi bir atmosfer aramakta ve kutsala olan özlemleri onları yeni arayışlara itmektedir.

Bu arayışları farkeden kimi sahtekarlar, arz-talep ilişkisinin manevi alandaki tezahürü olarak kendilerini bu samimi fakat bilinçsiz insanlara aradıkları adres olarak sunmakta ve onların *aşkına* ve *ahlâka* olan özlemlerini sömürmektedirler. İşte sahte şeyhler, üfürükçü hocalar, üçkağıtçı mürşitler böylesine mümbit bir alanda boy vermektedirler. Aslında bu talep, adına "sosyete mezhebi" diyebileceğimiz İslâm'ın deforme olmuş bir varyantını da ortaya çıkarmıştır. Elbette sosyete mezhebinin sosyetik müçtehidleri de türeyecekti ve nitekim türemiştir de...

Dahası, piyasada tedavülde olan mebzul miktardaki medyum, cinci, tarot, astrolog, meditasyoncu, yogist vs. hep bu *sosyete İslâm*'ını doğuran talebin ürünü olarak ortaya çıkmıştır. Reyting uğruna, içlerinde hiç bir dînî kaygı ve İslâmî inanç barındırmayan ve hatta açıkça din, ahlâk ve kutsal düşmanlığı yapan özel kanalların bir ara iyice merak sardığı "üçüncü göz", "bilinmeyen" vs. gibi programlarda arz-ı endam eden canavarlar, gizli güçler, ecinniler, periler, gulyabaniler, olağanüstü olaylar hep bu talebin doğurduğu arzdı. Bu durum imanın temel esaslarından olan "gayb"ı açıkça inkâr edenlerin, inkâr ettikleri gaybın sırtından yüzsüzce reyting yapma ve para kazanmaları anlamına geliyordu.

O halde, yapılacak olan, modernleşmesini tamamlamış olan kentsoylu sınıflar arasında günden güne büyüyen bu etik ve maneviyat arayışını doğru adreslere yönlendirmek ve onların serabın kucağında bir aldanıştan başka bir aldanışa savrulmalarını önlemektir. Bunun için de yürek fethi işçilerinin, bu kesime mensup insanların dilini öğrenip, onlara insanın mutluluğunun öbür adı olan İslâm'ı sunacak yeni bir "din dili" geliştirmeleri gerekmektedir.

Yürek fethinin fatihleri insanlığın eskimez değerlerini eski bir dille yeni çağa ve o çağın insanına sunamazlar. Değişen zamana ve mekana uymak ve uydurmak amacıyla değerleri ve onların yaslandığı zamanlar ve mekanlar üstü ilkeleri değiştirmek ne kadar vahim bir yanlışsa, zamanın ve mekanın değişimine hep açık olan "din dili"ni dinin sabiteleri arasında saymak da o kadar vahim bir taktik hatasıdır. *Din dilin*den kastımın "davet üslûbu" olduğunu söylemeye bilmem gerek var mı?

Yürekten yüreğe bir fetih olan cihadı, ancak insana "Allah'ın indirdiği bir kitap" olarak bakanlar ve onu bu gözle okuyanlar layıkıyla becerebilir. İnsanı kutsal bir kitap gibi okumayı becerenler, doğanın ve eşyanın da yüzündeki örtüyü açıp cevherini okumayı becereceklerdir. Fethin boyutlarından biri de doğaya ve eşyaya ulaşan yolun açılması demeye gelen "keşif"tir.

İnsandan Doğaya ve Eşyaya Fetih: Keşif

İlkokulda okuduğumuz *Tabiat Bilgisi* kitabı, hayatı ikiye ayırarak başlardı: Canlı varlıklar, cansız varlıklar.

Kuşkusuz bu tasnif özünde ideolojik ve pozitivist bir bakışaçısına dayanıyordu. Daha doğrusu, modernizmin seküler tabiatını ele veren bir tasnifti.

Oysa cevheri itibarıyla hayat hep canlı ve hareketliydi. Molla Sadra'nın dediği gibi evren bir nesne değil bir eylemdi; bilinçli, düzenli ve amaçlı bir eylem. Allah'ın isimlerinden biri de "sürekli yaratan, yaratmayı kendisine meslek edinen" anlamına gelen "Hallak" idi. (36;81) Kur'an'ın bildirdiğine göre "O, her an yaratmadadır." (55;29) Bu Kur'ânî ifade eskilerin dilinde "her anda bir şanda" biçiminde kalıba dökülmüştü. Bir başka ayette bu gerçek şöyle dile getirilir: "Kuşku yok ki, durmaksızın yaratan ve her şeyi bilen sadece Allah'tır."

(15;86) O'nun her an yaratması, aslında varlığın yerinde saymadığı, yaratılışın orijinal bir süreç olduğu ve canlı-cansız her bir varlığın bu sürece tabi olduğu anlamına geliyordu.

Hayat, O'nun Hayy ve Kayyum isminin tecellisiydi. Özünde hareket ve canlılık taşıyan her varlık ışığını O'ndan almaktaydı. Doğa ve eşya da İlâhî kanuna tabi idi ve kendisine verilen rolü oynuyordu. Var olmak, kendi başına bir "anlamı olmak" demekti.

Anlamı olan her şey okumanın nesnesidir. Doğa ve eşya da insanın okuma eyleminin konusudur. Yani doğa, Allah'ın kitaplarından bir kitaptır. Allah'ın kevnî ayetleri doğa ve eşyanın içerisinde okunmayı beklemektedir. Kur'an bu gerçeği şöyle yansıtır: "Hiç kuşkusuz göklerin ve yerin yaratılışında, gece ve gündüzün farklılıklarında öz akıl sahipleri için ayetler vardır. O öz akıl sahipleri ki Allah'ı ayakta, otururken ve yatarken zikrederler, göklerin ve yerin yaratılışı üzerinde derin derin düşünerek derler ki: Rabbimiz, bütün bunları boşuna yaratmadın."

Bu ayetlerde, varlığı okuma demeye gelen ve benim "derin düşünce" olarak çevirdiğim *akleden kalbin ameline* Kur'an *tefekkür* diyor. Tefekkür adı verilen bu tür bir okuyuş insanla eşya arasındaki perdeyi kaldıran bir fetihtir. Bu tür insandan doğaya ve eşyaya yönelik fetih, aynı zamanda keşiftir; yani, doğanın ve eşyanın sırrını örten perdeyi aralamak...

Bu ayetlerde ifade edilen gerçek şudur: Var olan her şeyin bir anlamı bulunmaktadır. Allah'a iman anlamsızlığı inkâr demektir. Allah var olduğu için varlık saçma değildir. Tersi, başta insanın kendisi olmak üzere her bir şeyin saçma olduğu sonucuna götürürdü. "İsyan ediyorum, o halde varım" diyerek isyanı kutsayan A. Camus, hayatı "absürd" olarak nitelerken, aslında varlığın anlamı olan Allah'ı inkâr ediyordu. Aynı inkâra, İslâm'ın küfür olarak nitelediği "ye's hali"ni sistematize eden Nihilistler (hiççiler) de düştü. Hayatın, varlığın ve evrenin anlamını yadsıyan bu inkâr felsefesi, mensubu olan insanları ya manevi ya da maddi intihara sürükledi.

Aslında Allah, insan ve doğanın da içerisinde yer aldığı kainat arasındaki harika ilişkiyi Fritjof Capra'nın şu cümleleri güzel ifade ediyor:

> "Kozmos, teos ve insanlar. Başka bir deyişle kainat ve insanların oluşturduğu bağlam olmaksızın Tanrı'dan bahsedemiyorsunuz. İnsanlardan da kainat ve Tanrı olmaksızın söz edemiyorsunuz. Ve nihayet kainattan da ufuk olarak Tanrı'nın ve seyirciler olarak insanların oluşturduğu bağlam olmaksızın söz edemiyorsunuz." (*Capra, 130*)

Doğanın ve eşyanın sırrını öğrenmenin iki yöntemi vardır. Birincisi hikmetle, ikincisi işkenceyle. Bu tıpkı bir insanı konuşturmaya benzemektedir. Bir insan da bu iki yöntemden birisiyle konuşturulur.

Modern batı, doğayı ve eşyayı konuşturma, onun sırlarını elde etme işini işkence yöntemiyle yaptı. Bu yöntemi sistemleştiren ilk kişi ünlü İngiliz filozof Francis Bacon'dır. Modern Batı uygarlığının kurucu aklı sayılan Bacon eski mantığın yerine deneysel metodu koyan ilk isim olarak bilinir. Ona göre gerçeğe deneysel yöntemle ulaşılır. Deney, tabiatı konuşturmak demektir. O halde tabiatı neye mal olursa olsun konuşturmanın bir yolunu bulmalı. İngiliz kraliyet sarayının başyargıcı olan Bacon, suçluların işkence edince nasıl konuştuğu görmüş ve tabiata da aynı muamele edilince sırrının elde edileceği kuramını geliştirmişti. Deneysel mantığın özünü, Başyargıç Bacon'un şuuraltına yerleşen bu işkenceci bakışaçısı oluşturuyordu. Modern yöntemin babası Descartes'in postülası da Bacon'unkiyle aynıldı: Tabiata sahip ve hakim olmak.

İşte bu bakışaçısıyla oluşturulmuş bir felsefe üzerine kurulan Batı modernizmi, Bacon'ın ifadesiyle yeryüzünde cennet yaratma vaadiyle yola çıktı fakat küremizi üçyüz yılda cehenneme çevirdi. Bugün, yeryüzü kaynaklarının % 80'ini yeryüzü nüfusunun % 20'si kullanmaktadır. Yerküreyi defalarca kez havaya uçuracak ve milyonlarca yıllık hayatın kökünü bir anda kazıyacak bir silahlanma yarışının mimarı da Batı uygarlığıdır.

Hava, toprak ve suyu bünyesinde barındıran küremizin biyosfer tabakası başdöndürücü bir hızla tahribe uğramaktadır. Nükleer ve sanayi atıkları, telafisi zor bir çevre felaketi hazırlamaktadır. Dünya giderek çölleşmekte, doğal denge bozulmakta, kullanılan endüstriyel gazlar "sera etkisi" adı verilen küresel bir ısınmaya neden olmakta, bunun doğal sonucu olarak iklimler değişmekte, doğal bitki örtüsü günden güne erimekte ve her yıl üçbin canlı/bitki türü yok olmaktadır.

Yok olan her canlı türü yok edilen bir ayettir. Tabiatı *tahrip* etmekle ilâhî vahyi *tahrif* etmek arasında bir fark yoktur. Bu İslâm'ın bakışaçısıdır. İslâm, insandan doğaya ve eşyaya mutlak "mülkiyet" olarak değil "emanet" olarak bakmasını ister. Hz. Peygamber onun için çevreyi imanın konusu olarak ele alır ve imanın 73'te biri olarak ifade eder.

Kainattaki muhteşem denge doğada da mevcuttur. Bu denge bozulduğu zaman kozmos kaosa dönüşür ve bu din diliyle "kıyamet" anlamına gelir. Tabiata ihanet, emanete ihanettir. Emanete ihanetin cezası ise çok çetin olacaktır. Tabiat kendisine işkence edenden öç almasını bilir.

İslâm, tabiatın işkence yaparak sırrı ifşa edilecek bir suçlu değil bir *emanet* olarak görülmesini istediği için, müslümanların keşifleri, modern batının keşfinden çok farklı gerekçelere dayanır. Örneğin cebir biliminin gelişmesi ve matematikte en büyük devrim sayılan sıfırın bulunması İlâhî bir buyruğun yerine getirilmesi amacıyla gerçekleşmiştir.

İslâm'daki miras hukukuna "feraiz ilmi" adı verilir. Feraiz ilminde miras oranları, ince hesaplar üzerinden yapılır. Bu hesaplar yapılırken, İlâhî taksimin emre uygun olarak adil bir şekilde gerçekleşmesi için sıfıra ihtiyaç duyulmuş ve matematik tarihinin en büyük devrimi böylesi kutsal ve sosyal bir amaç uğruna yapılmıştır.

Saatin icadı da yine kulluk amacıyladır. Namaz vakitlerini tesbit problemini kökünden çözmek için Abbasiler döneminde saat yapımı gündeme gelmiş ve gerçekleşmiştir. İbn

Miskeveyh'in silsile dişlilerde ulaştığı gözkamaştırıcı başarı abdest almayı kolaylaştıracak bir alet ihtiyacından doğmuştu. Ünlü İslâm simyacısı Cabir b. Hayyan efsanevi preparatlarını (iksir), bazılarının pirimitize ederek iddia ettikleri gibi elementleri altına dönüştürmek gibi çok kaba ve dünyevi bir amaç için değil, insanların çektiği acılara bir çare bulup ebedi mutluğun kazanılması yolunda bir öte sermayesi olsun için icad etmişti. Bir ömrü bekar geçirecek kadar dünyevi hazlardan uzak yaşayan Cabir'in, eşyayı altına dönüştürme ya da "ölümsüz beden" ütopisi uğruna bir ömür tükettiğini sanmak onu hiç tanımamak demekti.

Müslüman astronomları göğe yönelten temel itkinin tefekkürü emreden ayetler olduğu, Çinlilerin falcılıkta kullandığı bilinen mıknatıs ve pusulayı müslüman bilginlerin ilk kez kıble tayini için yön bulmada ve cihat ayetlerine istinaden silah hammaddesi bulmada kullandıkları bilim tarihçilerince dile getirilmiştir.

Müslümanların, tabiat ve eşyaya olan ilgilerinin sadece illetleri değil gayeleri de İnsânî ve İslâmîdir. İslâm hikmetinin meçhul askerleri olan İhvan-ı Safa, Risaleler'inde hikmetin amacını hadiste "insanın Allah'ın ahlâkıyla ahlâklanması" şeklinde dile getirilen gerçeğe uygun olarak "insanın Allah'a yücelmesi ve kapasitesinin sınırlarına doğru yol alması" olarak açıklarlar. (*Resail III/324 vd.*) el-Birûnî, jeolojik gözlem ve incelemeleri sonucunda tabiatın sürekli değiştiğinden yola çıkarak dünya hayatının fani, insan başarılarının geçici olduğunu kalıcı olanın yalnızca Allah olduğunu ifade eder. (*Nasr 163-164*)

İslâm'da insandan tabiat ve eşyaya doğru gerçekleşen fetih demeye gelen keşifler bu illet ve gayelerle gerçekleştirilirken, modern Batı'nın keşiflerinin sebep ve amaçları çok daha farklıydı. Batı'da gerçekleştirilen bir çok keşif insâni gayeler için değil askeri, ekonomik ve siyasi üstünlüğü elde etmek amacıyla gerçekleştirilmiştir. Bu nedenle de hiç bir ahlâkî kaygı güdülmemiştir. Batı, bilim ve teknolojiyi sömürü aracı olarak görmüştür. En masum teknolojik yenilikleri dahi, ekonomik hegemonya aracı olarak ve insan emeğini sömürmede bir gerekçe olarak kullanmıştır.

İşte bu nedenle diyorum ki, batının *kalkındığı şartlarda kalkınmak yüz kızartıcı bir insanlık suçudur.* Sanayi devriminin temelinde, Afrika sahillerinden zorla alınarak köleleştirilen milyonlarca mazlum siyahın kan, gözyaşı ve alınteri vardır. Batılı insan tacirlerinin Afrika'dan gemilerle zenci taşırken yalnızca yolda telef olan insan sayısının 19 milyon olduğunu söylersem, "ilerleme, kalkınma" adı verilen vandalizmin, aslında Batı dışındaki dünya için *geriye doğru ilerleme* anlamına geldiği belki anlaşılır. Dahası var: Her bir siyahî esiri yakalamak için yaklaşık 10 kişi öldürülüyordu.

Tarihin en kanlı liderlerinden biri olan Timur Isfahan'ı ele geçirdiğinde vahşi bir rekora imza atmak için 70.000 insan kellesinden bir piramit inşa ettirmişti. Modern çağın gelişmiş teknolojisi ise Timur'un haftalar süren bu katliamından kat kat fazlasını (150.000 ölü 200.000 yaralı) Hiroşima ve Nagazaki'de bir dakikaya sığdıracak mahareti göstermişti. İşte batının "ilerleme" mantığı buydu.

İlerleme adı verilen şey insandan bağımsız düşünülmüş "modernleşme" projesinin bir ürünüydü ve insanın insanlığına mal olmuştu. Descartes'ın "insanı tabiatın efendisi yapma" iddiası, dünyayı insan eliyle cehenneme çevirme yarışına dönüştü. "Gelişme durdurulamaz" ve "açlık evrenseldir" sloganlarıyla yola çıkan Batı küremizi Hiroşima'ya atılan bombanın bir milyon katı büyüklüğünde bir nükleer cephaneliğe dönüştürdü. Bunun anlamı, yeryüzünde yaşayan her kişi başına 5 ton klasik patlayıcı madde demekti. Yeryüzündeki birkaç milyon yıllık insanlık serüvenini 300 yılda toptan yok olma noktasına getiren bir sadizm nasıl oluyor da "gelişme" olarak adlandırılıyor, anlamak mümkün değil.

Sözümona bu "gelişme" tarımda da dünyayı açlığa mahkûm etme noktasına getirdi. Üçüncü dünya ülkelerinde batılılar tarafından uygulanan aletli derin toprak sürme metotları ile yer kabuğunun en verimli tabakası olan humus tabakası kaybolarak dünya hızla çölleşmeye başlamıştır. Batı'nın daha fazla ürün için toprağın tabiatını bozan kimyevi gübre imalâtı, verimli topraklar için bir atom bombası tahribatına dönüşmüştür. Yine modern Batı'nın ormancılık ve monokültür tekniklerinde uyguladığı yöntem sonucunda dünyanın en gür ormanlarının yetiştiği Himalaya etekleri bugün ormansız hâle gelmiş, İngilizler'in bencil politikaları sonucu günümüzde Bengladeş her yıl sular altında kalarak onbinlerce cana, yüzbinlerce göçmene ve binlerce eve mâl olmaktadır. Bilimsel ve teknik gelişmenin zirvelere tırmandığı 1985'te 85 milyon insan açlıktan ve yetersiz beslenmeden ölmüştür.

Aynı şey coğrafi keşifler için de geçerlidir. Bu konuya bir sonraki başlık altında değineceğiz.

Bu ülkede modernleşme projesini zorla uygulamaya koyan batıcı elitler, XVIII ve XIX. yüzyılların çağdışı kalmış pozitivizmini ülkenin temel eğitim referansı yaparak insanımızın İslâmî geleneğinden kaynaklanan doğaya *emanet* olarak bakma anlayışını tahrip etti. Bu tahrip doğal olarak, yalnızca zihin kirlenmesine değil çevre kirlenmesine ve tahribine de yol açtı. İnsanı, Yaratıcı'ya karşı yabancılaştıran pozitivist mantık, aynı zamanda çevresine, insana ve tabi ki doğaya ve eşyaya karşı da yabancılaştırdı.

Böylesi bir yabancılaşma ortamında varlık sancısını ta iliklerinde hissedip, "Ya Rabbi, bana eşyanın hakikatini öğret" diyen Peygamber'in, metafizik bakışaçısına ne denli ihtiyaç duyulduğu ortadadır.

İnsandan Toprağa Fetih: Dâr ve Devlet

Toprak, kendi başına hiçbir şeydir. Su ile birleşince nasıl maddi hayata rahim oluyorsa; insanla birleşince beşeri hayata, imanla birleşince de manevi hayata vatan olur.

Vatan, toprağa bağlı ilkel toplumlarda bir fetiş idi. Hayvancılıkla beslenen kadim toplumlar daha çok göçebe bir hayat yaşarken, çiftçilikle geçinen toplumlar, kendilerini besleyen toprağa kutsallık izafe etmişlerdi.

Modern zamanlarda ortaya çıkan ulus devletler, insanların toprağı kutsama zaaflarını kendi çıkarları için kullandılar. Egemenlerin hüküm sürebilmeleri için "kutsal vatan" duygusunun manipüle edilmesi gerekiyordu. Egemenler de bunu hep yaptılar. Kişisel ve sınıfsal çıkarları için yeri geldiğinde göz kırpmadan sattıkları, takas ettikleri, masa başı pazarlıklara konu ettikleri toprağı, çıkarları öyle gerektirdiği zamanlarda da "en kutsal" varlık ilan etmekten geri durmadılar.

"Vatan" sevgisinin ulusçular tarafından nasıl istismar edildiğinin en tipik örneği dillerde hadis diye dolaşan ünlü bir lakırdıdır. Önderliğini Mişel Aflak isimli Hıristiyan bir Arabın yaptığı Arap ulusçuluk hareketi "Baas", 1920'lerde Suriye'de çıkardığı bir derginin başlığının altına "Hubbu'l-vatan mine'l-iman" spotunu yerleştirir. "Vatan sevgisi imandandır" anlamına gelen bu ibare, nasıl olduysa o tarihten sonra hızla yayılır ve işin garibi koca koca adamlar aslını faslını araştırmadan bunu "Peygamberimiz'in hadisi" diye naklederler. Uydurma hadisleri toplayan mevzuat kitaplarına dahi geç kalan bu lakırdının çok satılan bir ilmihal kitabının arkasında "hadis" diye takdim edildiğini gördüğümde yaşadığım şaşkınlığı hâlâ unutamam.

Bu lakırdı üzerine bir hatırasını nakleder Osmanlı'nın son Şeyhülislâmlarından M. Sabri Efendi. Kendisini vatan sevgisi kıt olmakla suçlayan Ezher alimlerinden biri ona öğüt verirken Peygamberimiz'in bir hadisini de hatırlatmak istediğini ifade eder: "Vatan sevgisi imandandır." Ezher allamesinin bu cehaleti Şeyhülislâm'ı fena halde kızdırmıştır. Onu şöyle cevaplandırır:

> "Bizi vatan sevgisi az olmakla suçlayan bu adam durumumuzu bilmediği gibi, Ezherli olmasına rağmen dillerde dolaşan bir lakırdıyı "hadis-i nebevî" zannetmekle hadis ilmindeki cehaletini de ortaya sermiştir." (*Mustafa Sabri, 276*)

İlkel toplumlarda fetiş haline getirilen bu hurafeyi İslâm

evrensel mesajıyla ortadan kaldırarak, zoolojinin ve botaniğin konusu olan ve insanı doyurduğu için kutsal sayılan vatan anlayışı yerine, insanın inancını özgürce yaşadığı, emin ve hür olduğu vatan anlayışını ikame etti. Hz. Peygamber, inancı uğruna doğduğu topraklar olan Mekke'yi terketmiş, inandığı bir hayatı hakim kıldığı Medine'yi kendisine vatan edinmişti. Kendisine Mekke teslim olduktan sonra geri dönüp dönmeyeceği sorulduğunda "Medine bizdendir biz Medine'deniz" demişti. Ve Mekke fethedildikten sonra da, geri dönmeyi aklından dahi geçirmemişti.

Gerçekte, Hz. Peygamber'in bu davranışının dahi bu günkü avâmî anlayıştaki vatan duygusuyla uzak-yakın hiç bir alakası yoktu. O, Mekke döneminin tümünde ve Medine'deki hayatının ilk 16 ayında Kudüs'e doğru ibadet ederek Araplardaki bu hurafî vatan inancını yıkmak istemişti. Bir cahiliyye Arabı için en büyük övünç kaynağı olan ve atası kabul ettiği Hz. İbrahim'in hatırası olan Kâbe dururken, hiç ilgisinin bulunmadığı Kudüs'e yönelerek namaz kılmanın ne derece onur kırıcı olduğu tahmin edilebilir. Sadece yatay bir ziyaret değil aynı zamanda dikey bir yücelişi sembolize eden Miraç mucizesi, müslümana değil mahdut bir toprak parçasına ait olmayı, dünya ile dahi yetinmeyerek evrensel insan olduğu ve evrenin Faal Aklı'na ait olduğu şuurunu vermektedir.

İslâm, aynı zamanda kendisine inanan insanın aidiyet duygusunu, basit ve ilkel bir ırk, soy, boy, kabile, kavim, renk, cinsiyet vb. gibi insanın hiç dahli olmadan kendisini içinde bulduğu ontolojik unsurlardan arındırarak çok daha yüce ve ileri olan inanç düzlemine çıkarır. İnsanı kabilecilik, ırkçılık, renkçilik, cinsiyetçilik, sınıfçılık vb. gibi ilkelliklerden kurtararak kendi çabasıyla elde ettiği ve insanlığın değişmez değerlerini temsil eden evrensel bir kimliğe kavuşturur. Bu kimliği kazanmış bir insan kendisini mahdut bir coğrafya, muayyen bir vatan, ırk, soy, boy, sınıf, ülke, ideoloji ve hatta muayyen bir peygamber ve şeriatla dahi tanımlayamaz. O, evrensel koroya teslim olmuş bir "müslümandır". İslâm ise küresel bazda insanlığın değişmez değerleri, kozmik bazda evrenin tabi olduğu kanunlar bütünüdür.

Toprak da o evrenin bir parçasıdır ve o da sözkonusu evrensel kanunlara tabidir. Doğası gereği müslümandır da; tıpkı ay gibi, güneş gibi, su gibi. Ne ki, kimi zaman toprak, her eşya gibi doğasına aykırı kullanılabilir. Üzerinde yaşayan ve doğasına aykırı hareket eden insanlar eliyle küfre vatan olabilir; küfre, yani doğal olmayana, her tür sapmaya... Küfrün her türünü *sentetizm* diye de adlandırabilirsiniz. Sentetikten türettiğim bu kelime, aslında her tür şirkin, küfrün, ilhadın, nifakın, isyanın ve tuğyanın sentetik tabiatını da ele vermektedir.

Bir toprağa en büyük ihanet onu imana kapatmak ya da kapatılmasına ses çıkarmamaktır. Yine bir toprağa gösterilebilecek en güzel vefa ve teşekkür de o toprak üzerinde imanı hakim kılmaktır. İnsana her şeyini cömertce veren, insanın beşer tarafının kendisinden gelip yine kendisine döneceği toprağı sevindirmek, onu ait olduğu bütünden koparmamak, evrensel korodan mahrum etmemekle mümkündür. Evet, toprağın ait olduğu değer, Kur'an'da şu ayetlerle dramatize edilir:

> "Sonra gaz bulutu halinde bulunan fezaya yöneldi.
> Ona ve yere "ister gönül rızasıyla ister rızasız, gelin" dedi.
> Onlar da "gönül rızasıyla geldik" dediler." (41;11)

Evet, gönül rızasıyla Yaratıcısının buyruğuna teslim olan bir toprağa, gönül rızasıyla Yaratıcısının buyruğuna teslim olan insan yakışır. Kur'an'ın kullandığı mecaz yöntemlerinden biri olan bu temsîlî diyalogda toprağın ve suyun, yerin ve göğün evrensel koro içerisindeki konumu dile getirilmekte ve iradeli varlık olan insanın, iradesiz varlıkların tabi olduğu bu evrensel koroyu bozmaması hatırlatılmaktadır.

Bir toprağa yapılabilecek en büyük ihanet onu imana kapamaktır, demiştik. Tabi ki tersi de geçerli; bir toprağa yapılabilecek en büyük ikram onu İslâm'a açmaktır. Zaten fetih de budur; bir beldeyi İslâm'a açmak. Değilse yapılanın adı fetih değil tegallüp, işgal, egemenlik, ele geçirmedir.

İslâm, bağrını kendisine açan toprağa ve beldeye "dâr: yurt" adını verir. Orası İslâm'a yurt (daru'l-İslâm) olmuştur. İslâm, kendisine yurt olan her mekanı hızla Medineleştirir. Medine, kelimenin tam anlamıyla "devlet" demektir. Medine terimi, etimolojik olarak "temeddün"den gelir. Yani "Din'i olan mekan, bir hayat tarzı olan belde" demektir ki "Bâdiye"nin zıddıdır. Bâdiye bedevilerin mekanı, Medine medenilerin mekanıdır. Medeniyyet de bedeviyyetin zıddıdır.

Şu halde, medeni olmak Medineli olmak, Medine dini olan mekân din de bütün boyutlarıyla yaşanan bir "hayat" demekse ve bu din de sıradan değil de "ed-Din" ise, elbette bu hayat tarzı da "en doğru hayat tarzı" anlamına gelecektir.

Aslında "devlet" de Arapça bir kelimedir ve anlamı tıpkı "kalp" kelimesinin anlamı gibidir: Tedavülde olan, elden ele geçen, hayatta karşılığı bulunan değer anlamına gelir. Hatırlayınız, "kalp" de sürekli inkılab eden, devinen, halden hale giren, odağı seyyal olan anlamına gelmiyor muydu?

Hz. Peygamber insandan topağa fethin nasıl gerçekleşeceğini en güzel şekilde gösterdi. İslâm fütuhatının bir toprak işgali değil bir "fetih" hareketi olduğunun unutulmaz örnekleri Peygamber ve sahabe tarafından sergilendi. Hayberliler şehri teslim etmek zorunda kalınca, İslâm Peygamberi bu mamur kente dokunmadı. Onlarla mahsul üzerinden anlaşma yapmakla yetindi ve Hayber Yahudilerine "Gökler ve yer işte bu adalet sayesinde ayakta duruyor" dedirtecek adil bir uygulama yapıldı.

Taifliler, en zayıf dönemlerinde dahi ganimeti fırsat bilmeyen Peygamber'e sanki galip taraf kendileriymiş gibi kabul edilmesi akidevî olarak imkansız bir takım şartlarla geldiler. Rasulullah, onların şartları içerisinde yer alan Taif'in Mekke gibi "harem" ilan edilmesi teklifini reddetmedi. Rasulullah, bunu kabul etmekle Taif'in kutsallık kazanamayacağını biliyordu. Ancak bu sayede bölgenin en yeşil ve tarihi kenti olan Taif'in doğal güzellikleri, tarihi eserleri ve kent dokusu korunmuş; bu sayede fatihler ele geçirdikleri şehri yakıp yıkmak yerine asıl sahiplerinden dahi daha iyi korumuşlardı.

Filistin ordusu komutanı Amr b. As tarih boyunca her cihangirin ve dünya devletinin ağzını sulandıran ve Afrika'nın kapısı sayılan zengin Mısır'ı alma izni isteyen mektubunu yolladığında, Halife Ömer telaşlanmış ve yazdığı cevabi mektupta "Eğer, bu mektup eline geçtiğinde Mısır'a girmemişsen, kesinlikle girme ve geri dön" diye emir vermişti. Halife'nin bu hassasiyetini iyi bilen ordu komutanı Amr b. As, mektup eline yolda geçtiği halde adeta içerisinde yazılanları hissederek Mısır'a girinceye kadar açmamış ve Mısır'ın fethini emri vaki olarak göstermişti.

Yine Halife Hz. Ömer, Bahreyn'den İran'a kaçan asileri kovalama bahanesiyle İran İmparatorluğu'nun topraklarını işgal eden bir komutanını şiddetli bir biçimde azarlayarak azletmişti.

Bütün bu tavırların arkasında yatan sebep, bu fetihlerin bir insan ve yürek fethine dönüşmeyip toprak işgaliyle sonuçlanması korkusuydu. Amaç, ne cihangirlik davası, ne ganimet sevdasıydı. Amaç insanla İslâm'ın arasındaki engelleri kaldırmaktı. Halife Ömer, gönüller fethedilmeden toprakların ele geçirilmesini gelecek açısından kaygı verici buluyordu. Onun düşüncesi Mısır'ın İslâmlaşmasıydı, İran'ın İslâmlaşmasıydı. Bu da insana dönük fetihle gerçekleşebilirdi. Eğer böyle yapılmaz da toprağa dönük bir fetih anlayışı egemen olursa o zaman tam tersi olur, İslâm Mısırlılaşır ve İranlılaşırdı. Öyle de oldu. Hz. Ömer'in hassasiyetini taşımayan yöneticilerin yanlış fetih anlayışları, Hz. Ömer'in korktuğu şeyin çok geçmeden başa gelmesine sebep olmuştur.

Lakin şu bir gerçektir ki, İslâm, tabiatı gereği yeryüzünün hangi bölgesinde olursa olsun, zorla engellenmediği her zaman ve mekanda fıtratını arayan insanları kendisine çekmiş, siyasal gücünün en zayıf olduğu dönemlerde dahi kitlelerin tasvibine mazhar olmuş, ulaştığı her yerde temiz vicdanlı müntesipler kazanmış ve kazanmaya devam etmektedir. İnsanın yüreğini kazandıktan sonra toprağın, servetin ne kıymeti var? Yüreğini veren, malını da verir, toprağını da, canını da. Nitekim, bunun tarihte bir çok örneği görülmüştür. Bugün müslüman halkların yaşadığı bir çok coğrafya, çoğu kez bir tek insanın yüreğinin kazanılmasıyla İslâm vatanına dönüşmüştür.

Türklerin müslüman oluş serüveni bunun en tipik örneğidir. Türklerle müslüman Arapların ilk ortak operasyonu Abbasiler döneminde Çin'le yapılan Talas savaşıdır. Türkler o dönemde henüz müslüman olmadıkları halde ezeli düşmanları Çinlilere karşı müslümanların yanında savaşa girerler. Bu ilişki, daha sonraki kitlesel ihtidaların temelini atacaktır. Ancak, genellikle kitlesel ihtidalar bir han/hakanın gönlünün fethedilmesi yoluyla gerçekleşmiştir.

Bunun en tipik örneği Çağatay Hanı Toğluk Temur'un (saltanatı: 1347-1363) müslüman olmasıdır. Cemaleddin isimli Allah'a karşı sorumluluğunun bilincine ermiş bir müslüman bir seyahat sırasında Toğluk Temur'un av arazisinden geçer. Adamlarına, arazisine izinsiz girme cür'etinde bulunan bu insanı bağlayıp getirmelerini emreder. Elini ayağını bağlayıp Han'ın huzuruna getirirler. Han, ne cesaretle av sahasına izinsiz girebildiğini sorar. Cemaleddin Efendi, burasının kendisine ait bir av sahası olduğunu bilmediğini, kendisinin seyahat halinde olduğunu ve yolunun buradan geçtiğini söyler. Han, Cemaleddin Efendi'nin bir İran'lı olduğunu öğrenince hakaret maksadıyla şöyle der: "Bir köpek bir İranlıdan daha kıymetlidir." Cemaleddin Efendi'nin bu hakarete cevabı şöyledir:

> "Evet, eğer müslüman olmamış olsaydık, bir köpekten daha aşağı ve alçak olurduk."

Bu cevap karşısında şaşkınlığını gizleyemeyen Han, bu sözlerin ne anlama geldiğini, müslüman olmakla neyi kasdettiğini sorar. Cemaleddin Efendi anlatır. Bu soru cevap faslı günlerce sürer. Bu süre zarfında Cemaleddin Efendi'nin ahlâk ve yaşantısına da şahid olup ona gönlü ısınan Toğluk Temur Han, sonunda İslâm'ı din olarak seçmek istediğini, bu dinin kendisini mutlu edeceğine inandığını söyleyerek şu açıklamayı yapar: "Şimdi müslüman olduğumu açıklayacak olsam, halkımı bu dini kabul etmeye ikna edemem. Benim için biraz sabret. Atalarımın bıraktığı devlete tamamen hakim olduğum zaman buraya gel." Bu arada Cemaleddin Efendi, tutulduğu amansız bir hastalığın pençesinde can verir. Ölmeden önce oğlu Râşidüddin'e Toğluk Temur Han'la aralarındaki bu diyaloğu neklederek şu vasiyeti yapar: "Bir gün gelir, Toğluk Temur büyük bir hükümdar olursa, benim adıma ona git ve bana vermiş olduğu sözü çekinmeden hatırlat." Bir kaç yıl sonra Toğluk Temur, Çağatay Devleti'nin büyük hakanı olur ve Râşidüddin, babasının vasiyetini yerine getirmek için başkente Hakanlık sarayına gider. Lakin değil kabul edilmek, sarayın yanına dahi yaklaştırılmaz. Bunun üzerine Râşidüddin'in aklına parlak bir fikir gelir: Saraya en yakın yerde sabah ezanı okumak. Daha önce duymadığı ezanla zamansız uyandırılan Hakan, hiddetli bir şekilde bunu yapan her kimse yakalanıp huzuruna getirilmesini emreder. Togluk Temur'un huzuruna çıkan Râşidüddin babasının vasiyetini aktarır. Han da, "ben sözümü hiç unutmadım ve hep babanın yolunu gözledim" diyerek müslümanlığını ilan eder. Tüm beylerini toplayarak onları da İslâm'a davet eder. İlk davet edilen Tulık Bey, Kaşgar'lı bir zatın delaletiyle üç yıl önce müslüman olduğunu lakin kendisinden korktuğu için bunu açıklamadığını söyler. Biri dışında tüm beyler İslâm'ı kabul eder. Ebulgazi, *Şecere-i Türk* isimli eserinde aynı gün halktan 160 bin kişinin müslüman olduğunu yazar. O günden sonra Çağatay Devleti kısa zamanda bir İslâm devletine dönüşür. (*Arnold, 239-240*)

Moğol hanlarından İslâm'ı ilk kabul eden kimse 1256-1267 yılları arasında Altınordu Devleti'nin hükümdarı olan Berke Han'dır. Ebulgazi'nin rivayetine göre bu hükümdar İslâm'ı tahta çıktıktan sonra kabul etmiştir. İslâm'ı ona ilk tebliğ eden de yolda tesadüfen Buhara'dan gelen bir kervanda rastladığı ve muhtemelen ibadet ederken görüp dikkatini çeken iki müslüman tüccardır. Sözkonusu tüccarlarla bir köşeye çekilip İslâm hakkında onlara sorular soran Berke Han'ın, aldığı ikna edici cevaplar karşısında kalbi yumuşar ve bu süreç onun İslâm'a girmesiyle noktalanır. Önce imanını gizler, küçük kardeşini de yeni dine girmeye ikna ettikten sonra müslümanlığını ilan eder. Altınordu toprakları kısa sürede İslâm'ın vatanı haline gelir. (*Arnold, 231*)

İlhanlılar Devleti'nin İslâmlaşması da buna benzer bir biçimde gerçekleşti. Müslüman olan Altınordu hükümdarı Berke Han'ın bölgede İslâm'ın hamiliğine soyunup Mısır Sultanıyla da ittifak yapması İlhanlı Devleti'nin kurucusu Hülagu'yu hıristiyanlara yaklaştırdı. Hülagu hem Ermeni Kralıyla, hem Haçlılarla ittifaka girişti. Hülagu'nun çok sevdiği eşi de bir hıristiyandı. Bu kadın kocasını hıristiyan yapmak için çok çaba gösterdi. Hülagu oğlu Abaka Han'ı Bizans İmparatoru'nun kızıyla evlendirdi. Abaka Han da babası gibi hıristiyan olmamakla birlikte İlhanlı sarayına hıristiyan memurları doldurmuştu. Yine o da kendisine müttefik olarak hıristiyan kralları seçmiş Fransa Kralı St. Louis, Sicilya Kralı Charl ve Aragon Kralı James ile ittifak yapmıştı. Hatta 1274 yılında Lyon kentinde toplanan rahipler kuruluna 16 kişilik bir moğol heyeti gönderdi. Giden heyetten kimileri orada Hıristiyan olmuş ve vaftiz edilmişlerdi. Abaka Han'dan sonra yerine kardeşi Taküdar geçti. Taküdar, çocukluğunda vaftiz edilip muhtemelen hıristiyan annesinin elinde bir hıristiyan gibi yetiştirildiği, hatta adı Nikola olarak değiştirildiği halde, onunla dostluk kuran kimi müslümanların ahlâkî davranış ve gayretleri sayesinde müslüman oldu ve ilk müslüman İlhanlı Han'ı ünvanını kazanarak adını Muhammed Han olarak değiştirdi. Muhammed Han, Tatarların İslâm'a girmeleri için çok çaba gösterdi ve bunda başarılı da oldu. Bu Han'ın İslâm'da ne denli samimi olduğunu gösteren bir de tarihi belge var. Bu belge Taküdar Muhammed Han'ın Mısır Sultanı'na yazdığı ve İslâmî kanunları uygulamak için başkadı Kutbüddin ve Atabeg Bahaüddin aracılığıyla ondan yardım isteyen mektubudur. Mektup şu içten satırlarla başlıyor:

"Cenab-ı Hakk'ın lutfuna hamd ü senalar olsun. Hidayet nuru ile bizi korudu. Daha gençlik çağımızdayken bize rehber oldu. O'nun Rasulü'nün nübüvvetine şehadet ederim ve büyük velileri saygıyla anarım. "Allah kimi doğru yola iletmek isterse onun göğsünü İslâm'a açar." (6;125) Babamın ve kardeşimin ülkesinin yönetimini üstlendiğim günden beri İslâm dininin itibarının artması ve yükselmesi ile müslümanların durumlarının düzeltilmesi yolundaki azmimiz hiç eksilmedi. Allah Teala merhamet deryasından üzerimize şan ve şeref yağdırma hususunda inayetini esirgemedi. Onun lutfuyla umutlarımız gerçekleşti ve yönetimin kapıları bir bir açıldı. Toplanan kurultayda kardeşlerimiz, çocuklarımız, ileri gelen büyüklerimiz ve komutanlarımız hazır bulundu. Bunların tümü de ağabeyimin vasiyetini yerine getirme kararına evet dediler. Yani burada büyük bir ordu hazırlama konusunda. Öyle bir ordu ki, bütün genişliğine rağmen yeryüzü bile ona dar gelsin ve düşmanların kalbine korku versin. Onun cesareti karşısında dağların zirveleri ayaklarına kapansın ve en sert kayalar bile onun azmi karşısında yumuşak kalsın. Genel isteğe uygun olan bu karar üzerine düşündük ve amacımıza uygun olduğu sonucuna vardık. Amacımız, yalnızca İslâmî hükümlerin gerçekleşmesidir. Biz kan dökmeyi önlemeyen, insanlardan kötülüğü kaldırmayan, barış ve esenliğe yardım etmeyen hiç bir kanun çıkarmadık. Allah'ın bütün kulları ile iyi ilişki içerisinde olmayı istedik." (*Arnold, s.233-234*)

Müslüman işadamları, İslâm'ı Serendip (Seylan) adasına kadar götürmüşlerdi. İngiliz yazar Sir Jamer Emerson der ki: "Eğer Portekizliler gelmemiş olsaydı, Seylan adası da tamamıyla bir İslâm toprağı haline gelecekti. Çünkü Portekiz askeri gemileri Hind Okyanusu'nda görünmeden önce müslüman işadamları bu adanın halkı ve yöneticileri tarafından çok sevilip sayılarak itibar görüyorlardı." (*Arnold, 268-269*)

İslâm, Çin, Malezya, Endonezya, Madagaskar, Java ve daha bir çok yere de müslüman işadamları aracılığıyla girmişti.

Hazır söz buraya gelmişken müslüman işadamlarının yürek fethinde üstleneceği müthiş role değinmeden geçmek olmaz. Yukarda da dile getirdiğimiz bir gerçek var; o da, bugünkü İslâm coğrafyasının üçte ikisinin müslüman ordular tarafından askerle değil müslüman tüccarlar tarafından *ahlâkla* fethedildiği gerçeği.

Geçmişte yaşanmış bu gerçek, bugünün müslüman işadamına yol gösteren bir ışıktır. İşindeki liyakat ve dürüstlüğü, müslüman işadamının en büyük silahıdır. Topların ve tüfeklerin, orduların ve donanmaların ele geçiremediği toprakları geçmişte müslüman işadamları sırf işlerindeki yetkinlik ve dürüstlükleri sayesinde İslâm'a kazandırmışlardır.

Ekonomi, çağımızın en büyük silahıdır. Çağdaş fatihlerin fetih felsefesi, işte bu eskimez örnekler üzerine bina edilmelidir. İnsanı "ekonomik hayvan" (homo ekonomikus) derekesine indirgeyen modern dünyada, İnsânî değerleri temsil etme görevi müslüman işadamlarına düşmektedir.

Müslümanlar, kendi dışlarında yer alan dünyayı böyle insâni değerler taşıyarak fethederken, Batılılar ise kendi dışlarında yer alan dünyayı talan ve işgal edilecek bir sömürge olarak gördüler ve tarihin tanık olduğu en büyük soykırımlara giriştiler. İşin garip olan yanı ise, Batı'nın gerçekleştirdiği bu vahşete "keşif", bu vahşeti gerçekleştiren vahşilere de "kaşif" adını vermesidir.

Binlerce yıldır var olan dünyaları ve uygarlıkları yeni farkederek, bunu da insanlığa "keşif" adıyla sunmak ancak Batı'ya özgü bir bilim cambazlığıdır. Batı'nın bu cambazlığı yapması, kendisini insanlığın merkezine ve kendi türedi uygarlığını da diğer tüm uygarlıkların tepesine yerleştirten benmerkezli müstekbir mantığı yüzündendir. Bunu anladık. Ya bu cambazlığı yıllardır bizim çocuklarımıza "eğitim" diye dayatıp okullarımızda "ders" diye okutanlara ne demeli?

Alınız, Batı uygarlığının hangi dünya mazlumlarının kan, emek ve gözyaşları üzerinde yükseldiğine dair şu örneklere bir göz atınız:

Kristof Kolomb'un ardından 1519'da Hernan Cortés adındaki bir İspanyol serüvencisi Güney Amerika'ya bir deniz seferi düzenler. O tarihte bugünkü Meksika topraklarında Aztek İmparatorluğu'nun sahibi olan Aztekler yaşamaktadır. İşin ilginci bir Aztek efsanesine göre selefleri Toltek uygarlığının üçyüzyıl önce ölen rahip-kralı Quetzalcoatl yeniden dirilip 1519 yılında deniz yoluyla "kurtarıcı" olarak gelecektir. Bu hurafede yer alan kurtarıcı tipine Hernan Cortés, adıyla ve yadıyla uymaktadır. Aztekler, hurafe itikatlarının etkisiyle Cortés'i büyük bir coşkuyla karşılarlar. Kral II. Montezuma (st.1502-1520), Cortés'i el üstünde tutar ve ona her türlü ikramı yapar. Cortés bu fırsatı ganimet bilerek kralı esir alır ve İmparatorluk hazinesini yağmalar. Kendisine ve arkadaşlarına kucak açan bu insanlara karşı bir soykırıma girişir. Bugünkü Meksiko'nun yerinde bulunan başkent Tenoshtitlan'da korkunç bir katliam gerçekleştirir. Koca Aztek uygarlığı, bir avuç Avrupalı serüvenci eliyle yok olur.

Bu katliamdan bir müddet sonra İspanyol subayı Francisco Pizarro İnka İmparatorluğu'na saldırdı. İmparatorluğun içine düştüğü hanedan kavgasından yararlanarak kral Atahualpa'yı esir aldı. Halkın canını bağışlama karşılığında imparatorluk hazinesini istedi. Hazineyi elde edince sözünü tutmayıp tüm halkı kılıçtan geçirdi.

Batılılar aynı soygun ve katliamları Afrika sahillerinde ve Hind okyanusu kıyılarında da gerçekleştirdiler. Vasco de Gama Hindistan sahilindeki Kalikut limanını ele geçirince Hint ticaret filosuna ait gemilerdeki 800 tayfayı önce öldürmüş ardından el ve ayaklarını kesmiş, paramparça edilmiş cesetleri bir mektupla birlikte Kalikut kralına hediye olarak yollamıştı.

Portekizli "kaşifler", katliam ve soygunda İspanyollardan hiç de geri kalmıyorlardı. İspanyollar Amerika yerlilerinin kökünü kurutup topraklarını yağmalarken Portekizliler de Hind kıyılarında yaşayan yerlileri kılıçtan geçirip ülkelerini yağmalıyorlardı. Portekizli "kaşifler" Hind okyanusunda yer alan Bete Adası'nı kuşatınca ada halkı anlaşarak teslim olmayı kabul etti. Anlaşmaya uymayan Portekizliler ada halkını tümden esir alıp müslümanlara karşı savaşmalarını istediler. Bete emiri teklifi reddetti. Bunun üzerine Portekizli "kaşifler" bu masum sivil halkı tutuşturdukları ateşte son ferdine kadar yaktılar.

Avrupa uygarlığının Afrika insanının kanı üzerinde yükseldiğini söyleyenler haksız değil. Çünkü Afrika'dan taşınan köle sayısı bir hesaba göre 150 milyona yaklaşmaktadır. Köle ticareti sırasında yalnızca yolda telef olan insan sayısı 19 milyondur. Bununla da yetinmeyen Batı, bu insanların torunlarını savaşlarda yem olarak kullanmıştır. Yalnızca I. Dünya Savaşı'nda Fransa'nın cephelerinde Afrika'daki sömürgelerden getirilerek ölüme sürülen insan sayısı 845.000'dir.

Ünlü fransız yazar Michel Eyquem de Montaigne (1533-1592) daha o tarihlerde Batı'nın giriştiği bu barbarlığı şöyle itiraf ediyordu:

> "Biz cehaletlerinden, görgüsüzlüklerinden yararlanıp onları bizdeki kötü örnekleriyle kalleşliğe, sefihliğe, her türlü insanlık dışı davranışlara, işkencelere alıştırdık. Kim, tarihin hangi döneminde ticareti böylesine bir sömürüye dönüştürmüştür? Bunca şehir dibinden yıkılıyor, bunca milletin kökü kurutuluyor, milyonlarca insan kılıçtan geçiriliyor, dünyanın en güzel, en zengin ülkesinin altı üstüne getiriliyor, niçin? İnciler, biberler alıp-satacağız diye mi? Makinenin aşağılık zaferi bunlar. Hiç bir zaman kazanç tutkusu, hatta hiç bir haksız sömürü dahi insanları böylesi korkunç bir kinle birbirine düşürmemiş, bu kadar yürekler acısı kıyımlara yol açmamıştır." (*Montaigne, Denemeler, İst. 1970*)

Saint-Arnaud Mareşali Bageaud'un 14 Mayıs 1840'da şu notu düştüğünü nakleder Garaudy: "Afrika'da, Franklar'ın, Gotlar'ın yaptığına benzeyen büyük bir işgal yapmak gerekiyor... Her tarafta bol su ve verimli topraklar olacak. Orada toprakların kime ait olduğu öğrenilmeksizin sömürgecileri yerleştirmek gerek." Aynı Mareşal'in Mayıs 1951 günlüğü şöyle: "Geçtiğim yerlerde geniş bir yangın bıraktım. Yaklaşık ikiyüz köy bütünüyle ateşe verildi, bahçeler yağma edildi, zeytinlikler kesildi." Sömürgeci Fransız Albay Tontagnac 19 Ocak 1842'de Maskara'dan yazıyor: "Düşmanı izliyoruz; kadınlar, çocuklar, hayvanlar, buğday, arpa.... ele geçiriyoruz." Conte d'Herison İnsan Avı isimli eserinde faillerden birinin tanıklığıyla nakleder:

"Mahkûmlardan çift çift toplanmış bir varil dolusu kulak getiriyoruz... Yerlilerin kulakları yine de uzun süre çifti 10 frank yaptı ve kadınlar tam bir av hayvanı muamelesi gördü." (*XX. Y. Biyografisi, 225*)

İnsandan toprağa fethin, bir toprağın dini müslüman olanların eline geçmesi olarak algılanamayacağını daha önce vurgulamıştık. Sorun toprağı işgal edenin dini kimliğinden çok toprağın üzerinde nasıl bir hayatın yürürlükte olduğudur. Eğer o topraklarda adalet değil de zulüm hüküm sürüyorsa, o zulmü yapanların müslümanlığı bir şeyi değiştirmez. Galiba bu ebedi gerçeği vurgulamak için olsa gerek, İmam Ebu Hanife, Abbasi Halifesi Ebu Cafer Mansur'un zındanlarında işkenceyle son nefesini verirken, geride kalanlara şu anlamlı vasiyeti bırakıyordu:

"Beni gasbedilmemiş bir toprağa gömün."

BİR HAYAT TARZI OLARAK FETİH

Fethin insanda bir hayat tarzına dönüşmesi, mahlûkâta "insan eksenli" bir bakışla mümkündür. İnsanın, Kur'an'ın ifadesiyle "sakil: ağır ve değerli" bir varlık olduğunu teslim etmeyen biri, yürek fethini bir yaşam biçimine dönüştüremez.

İnsan eksenli bir bakış, insanı şeref yönünden daha aşağı varlıklar uğruna harcamayan bir bakıştır. Daha doğru bir ifadeyle, insanı hiç birşey uğruna harcamayıp, hayatı "insan kazanma" uğruna sebil eden bir bakıştır.

Fethi hayat tarzı olarak seçen birinin insan kazanma tutkusuna hırs adı verilemez. Oysa, örneğin kişinin para kazanma tutkusu böyle değildir. O bir hırstır ve sahte bir kazançtır. Çok parası olan biri köle, hizmetçi, yamak, çırak, badigart, koruma sahibi olabilir ama bunların hiçbirine "insan kazanma" denilemez. Olsa olsa "insan satın alma" denilebilir. Bu her iki taraf için de sahici bir fazilet değil, kimi durumlarda alçaltıcı ve utanç verici bir rezalettir. Oysa, insan kazanmak her dönemde ve her yerde sahici bir fazilettir.

İki kazanımı böylesine birbirine zıt konuma oturtan sebep, kazanıma konu olan şeylerin nitelikleridir. Bilinen bir gerçektir ki insan kazanmak, insan yüreğini fethetmekle mümkündür ve paranın kalbi yoktur.

Fethi bir hayat tarzına dönüştürmek insana bir "kitab" olarak bakmakla mümkündür. İnsan, her bir satırı altı çizilerek dikkatle okunmayı bekleyen mukaddes bir kitaptır. Bu kitabı okuma işini tarihin tanıdığı hemen tüm hakîmler "kendini bilmek" olarak formüle etmişlerdir. Kendini bilmek, yani "insanı okumak".

İnsan bilmecesini çözen, Allah'ı bulur. İşte bu nedenle insan okunmalıdır. Okumak, bir arayışın ürünüdür. İtici gücü ise gerçeğe duyulan meraktır. Yaratanı merak eden yaratılanı da merak eder. Müessiri merak edip de eseri görmezden gelmek ne mümkün? Her müessir büyüklüğünü eserinde sergiler. İnsan Allah'ın şaheseridir. Bu nedenle eseri tanıyan müessiri tanır, eseri öven müessiri över. Eskiler bu gerçeği şu veciz ibareyle formüle etmişler:

"Nakş-ı medih nakkaşa racidir."

İnsanın kazanılması ne denli büyük bir saadetse kaybedilmesi de o denli korkunç bir felakettir. Bu nedenledir ki insan kazanımı tüm kazanımların, insan kaybı da tüm kayıpların sebebidir. Toplumsal hayatın bir cennet ya da cehenneme dönüşmesi bu sebebe mebnidir. Olumlu ya da olumsuz tüm toplumsal dönüşümler, kazanmak ya da kaybetmekle ilintilidir.

Onun içindir ki Rahmânî vahiy de şeytânî vahiy de insanı hedef alır. Kazanılan her insan evrensel koronun kozmik armonisine katılmıştır. Kaybedilen her insansa sosyal kaosun cehennemine odun taşıyan bir "hammalete'l-hatab"tır. Dokunun bozuluşu organizmanın bozuluşuna zemin hazırlar, hücrenin bozuluşu ise dokunun bozuluşuna. Toplum doku, birey ise hücredir. Toplumsal kokuşma bireysel kokuşmayla başlar. Elbette tersi de geçerlidir.

Sorumluluğunun bilincinde her insan çevresiyle ilgilenir. Çünkü, insanın sorumluluk alanına çevre de girer. İçinde yaşadığı topluma karşı sorumluluk hissetmeyen, hemcinslerine karşı yükümlüklerini yerine getirmeyen insan, suçlu sayılmasa dahi kesinlikle vebal altındadır.

İnsan sosyal bir varlıktır. Bu nedenle hiç bir eylemi toplumdan bağımsız düşünülemez. Bireysel gibi duran davranışlarının dahi toplumsal bir boyutu vardır. Sosyal bir yozlaşmanın yaşandığı bir toplumda hiç bir fert, üyesi olduğu toplumun bu yozlaşmasından kendisini müstağni ve sorumsuz addedemez. Hz. Peygamber'in harika bir benzetmeyle ümmeti yaşayan bir uzviyyete, yani bir insan bedenine benzettiği bir gerçektir. Öyle bir uzviyyet ki, her bir şahsiyet bu bedenin kromozomu, her bir aile bu bedenin hücresi, her cemaat bu bedenin dokusu, her bir ulus, kavim bu bedenin organı hükmündedir. Bunlardan ayrı olarak bu hücreler, dokular ve organlar arasında iletişimi sağlayacak bir sinir sistemi, bunların hayatiyetini sürdürecek bir kan dolaşım sistemi, bir sindirim, solunum ve üreme gibi bütün bedenin hayati fonksiyonlarını sağlayan sistemler gereklidir. Nasıl ki bedenin çeşitli mikroplara ve virüslere karşı bir savunma mekanizması varsa, ümmet organizmasının da sosyal hastalıklara karşı bir savunma mekanizması olmalıdır. İnsan bedeninin direncini sağlayan bağışıklık sistemi, ümmet organizması için de geçerlidir.

Eğer fetih, en azından ümmet içerisinden bir takım insanların hayat tarzına dönüşürse, o insanlar ümmet bedeninin savunma mekanizması işlevini üstlenecek, hayatiyetini yitirmiş organları oluşturdukları canlı hücrelerle yeniden hayata döndüreceklerdir.

Sorumluluğunun bilincinde her insan, mutluluğun öbür adı olan İslâm'dan uzak yaşayan her bireyin sancısını bağrında hissetmelidir. İsyanı kutsayan kentlerin fücur akan caddelerinden sele kapılmış çiçekleri birer birer toplamalıdır. İnsan yüreğini acımasızca kundaklayan modernizmin çıkardığı küresel yangından bir can kurtarmanın savaşını vermelidir. İnanan her insan şu duyguyu taşımalıdır:

Elimi uzatabileceğim halde uzatmadığım için yüreği kundaklanan her insanın katili olarak beni hesaba çekecekler. Gel, diyecekler, sen elinden tutsaydın bu insan şimdi ateşe mahkûm olmayacaktı. Sen sorumluluğunu yerine getirseydin, Kitab mahzun olmayacaktı. Fetih işçisi olsaydın, zaman ve mekan ihanete uğramayacaktı.

Bir benimle ne çıkar demeyeceksin. Baharın haberini karın altında, kışa inat açan kardelenlerin verdiğini unutmayacaksın. Kim var, diye sağa sola bakmayacaksın. Ben varım, diyecek ve yürüyeceksin.

Caddelerde gördüğün cahil yığınlara, güneşi ceketinin astarında kaybetmiş kitlelere, yüreğinden habersiz göğsüne takacak sahte muskalar arayan kalabalıklara acıyacak, onlar arasında gördüğün cins tohumlara toprağı işaret edeceksin. Cins tohumu, cins toprakla buluşturan cins bahçıvan olacaksın. Uygun iklimi ise Allah verecek.

Bırak otçuların gözü yoncada olsun. Senin gözün daima insanda olacak. Hammaddesi makbul fakat adresini yitirmiş birini gördüğünde, "bundan ne güzel müslüman olur" diyecek ve tüm yüreğinle hidayeti için dua edeceksin. Onu kimliğini yitirmiş bir halde gördüğünde kahrolacak, elinden bir şey gelmiyorsa dahi, yüreğin bir peygamber yüreği gibi yanıp "Allah'ım, onları affet, onlara hidayet et, çünkü onlar bilmiyorlar!" diye yakaracaksın. Arşın kapısına onlar için asılacak, yüreklerinin mührünü çözmesi için başını o kapının eşiğine vuracak, vuracaksın.

İslâm'ı İslâm'ın dostlarından değil düşmanlarından öğrenen insanlar için hüküm verip infaz etmeyeceksin. Bir çoğunun reddettiği İslâm'ın Allah'ın İslâm'ı değil babalarının İslâm'ı olduğunu bilecek ve onu zaten senin de reddetmen gerektiğini hatırlayacak, onu kınamak yerine karanlık yüreğine ışık tutacak, sevgiden oltanı gönül ummanına şefkatle atacaksın.

Onu kendine, mezhebine, meşrebine, partine, kliğine, cemaatine, derneğine değil öz benliğine çağıracak, "varlık sorununu" nasıl çözdüğünü soracaksın. Nerden gelip nereye gittiğini, ölüm hakkında ne düşündüğünü, mutluluktan neyi anladığını soracaksın. Hiç kendisiyle başbaşa kalıp kalmadığını, vicdanının sesini dinleyip dinlemediğini, hayal kurup kurmadığını, rüya görüp görmediğini, sevip sevmediğini, özleyip özlemediğini, ağlayıp ağlamadığını, içinin nelere sızlayıp nelere sızlamadığını soracaksın.

Önce seveceksin. Garazsız ve ivazsız, pazarlıksız, bedelsiz seveceksin. Sevginin illeti ölümsüz olacak, ki sevgin de ölümsüz olsun. Davet yemeğini sevgi kaşığıyla sunacaksın. Sevgiden başka bedel beklemeyeceksin, ki sevginin bedeli sadece sevgidir, ondan başkası sevgiyi "ucuza" vermektir. Benim ücretim yalnızca O'na aittir, diyeceksin. Tüm faturaları yakarak yola çıkacaksın, ki ilerde fatura çıkaramayasın.

Bir insanın yüreğinin aydınlanmasına vesile olduğunda dünyanın tapusunu sana vermişler gibi sevineceksin. Bir âdem bir âlemdir diye çıktığın yolda dirilişine sebep olduğun her bir insanın manevi anası olmanın haklı gururunu duyacaksın. Öldürmek için doğuran zavallılara karşı diriltenler ve gerektiğinde diriltmek için ölen bahtiyarlar arasında olmanın şükrünü eda edeceksin.

Yitirilmiş her bireye, yitirilmiş hikmetin gibi bakacaksın. Hikmetini bulmak için gözün insanda olacak. Bulduğunda sana yeni nazil olmuş bir ayet gibi okuyacaksın. Tefsir edecek, te'vil edecek, şerh edeceksin. Yüreğinle yüreğini bulacak, onun yüreğini hedef alıp oradan vuracaksın. İnsan ayetiyle Kur'an ayetini buluşturup aralarından çekileceksin. İnsanla İslâm'ın arasından başka engelleri kaldırayım derken kendin engel olmayacaksın. Ona vesile olmayı, onu minnet altına almanın bir gerekçesi olarak kullanmak gibi çirkin bir yola girmeyeceksin. Aksine, seni hidayete vesile kıldığı için Allah'a minnet edeceksin.

İşte fetih bu şekilde bir hayat tarzına dönüşecek. Ve fetih, yalnızca küresel planda değil evrensel planda da gerçekleşecek.

SINIRSIZ VE SINIFSIZ FETİH

"Mutlak hakimiyetin sahibi olan Allah yücedir. O dilediğini yapmaya kadirdir.

O, hem ölümü hem de hayatı hanginizin daha güzel davranacağını sınamak için yaratmıştır. O azizdir, gafurdur.

Yedi göğü birbiriyle uyumlu tabakalar şeklinde yaratan da O'dur. Rahman'ın yaratışında hiçbir aksaklık göremezsin. Çevir gözünü, bir aykırılık görüyor musun?

Yine, dikkatlice defalarca çevir gözünü, bak. Her bakışın şaşkın ve bitkin bir şekilde hüsrana uğramış olarak sana geri dönecektir.

Biz, en yakın göğü ışıklarla donattık ve onları şeytanların anlamsız spekülasyonlarına konu yaptık ve onlara yakıcı alevden bir azap hazırladık." (67;1-5)

İnsanın halifeliği eğer evrensel ölçekte ise, o zaman fetih de evrensel olmak zorundadır. İnsanın evreni keşfi biraz da kendisini keşfidir. Çünkü insan küçük evren, evren ise büyük insandır.

Kainatla insan arasında garip ve anlaşılması zor ilişkiler mevcuttur. İnsanın beşeri boyutuyla kainat arasındaki ortaklık bilinen bir gerçektir. Kur'an bu gerçeği sık sık dile getirerek insanın "balçıktan" yaratıldığını vurgular. Bu gerçek farklı formlarla "topraktan", "kurutulmuş balçıktan", "pişirilmiş balçıktan", "balçıktan" şeklinde yer alır.

Ancak balçıktan, değil insanın, en basit bir virüsün bile hayat bulma ihtimali rakamlara sığmayacak kadar düşüktür. (1O119776,dır. Bu rakamı okuyacak bilgisayar yoktur. 119776 tane sıfır yazıp sonuna bir ekleyeceksiniz.) Bu ihtimal hesabı basit bir virüsün oluşumu içindir. Kaldı ki bir insanın oluşumu için bir virüsten çok daha kompleks yapıda olan hücrelerden 100 trilyonunun bir araya gelmesi gereklidir. Bu ise insan varlığının tesadüfle değil ancak Allah'ın varlığıyla açıklanabileceği bir durumdur.

İnsanın fiziğiyle evren arasındaki ilişkiye ayın hareketleri ile kadınların adet halleri arasındaki garip ilişkiyi, renklerin ve sesin temel birim sayısıyla haftanın sayısı arasındaki uygunluğu, bahar mevsimiyle kimi psikolojik rahatsızlıklar arasındaki zamanlama çakışmasını gösterebiliriz.

İnsan psikolojisiyle evren arasındaki ilişkiler elbet daha karmaşık ve gizemli. Bu meyanda bir İskoç mühtedisinin yazdığı eserde okuduğum bir notu burada zikretmek isterim: Kainatın yaydığı bir enerji var ki, insan bu enerjiden mahrum kalınca bir takım psikolojik rahatsızlıklar ortaya çıkmakta. Prana denilen bu enerjiyi beton engellediği için, modern kentlerin sakinleri melankoli, ansiyete, nevroz, depresyon vs. gibi psikolojik rahatsızlıklar çekiyorlar.

İnsanın zaman ve mekanla kısıtlı bir evrende yapacağı yolculuk akli bir fetihtir. Bir de kalbi yolculuk vardır ki bu enfüsi alemden afaki aleme, içkin olandan aşkın olana yapılan bir yolculuktur ve bu gerçeği en güzel ifade eden kelime "miraç"tır.

Miraç bir fetihti. Afakın kapılarının enfüse açılması. Aşk atıyla aşkına yapılan aşk yolculuğuydu miraç. Miracı fiziğin sınırlı dünyasıyla açıklamakta ısrar etmek, insanın aşkın tarafını, yüreğin gücünü görmezden gelmektir. Ki yürek, atom santrallerinin yanında yaya kaldığı sınırsız bir güç merkezidir.

Miraç, süfli alemle ulvi alem arasındaki kapıların açılarak insanın ruhani yolculuğa çıkmasıdır. Hz. Peygamber'in şahsında, bir insanın ulaşabileceği yüceliği temsil eder Miraç. Çamur tarafına doğru alçaldığında "aşağıların da aşağısına" düşen ve şeytanların dahi kendisine besmeleyle yaklaştığı bir ifrit, ruh tarafına doğru yüceldiğinde melekleri yolda bırakan özgün bir varlık.

Uruç/yükseliş kökünden gelen "Miraç", insanın ruh kutbuna tutunarak kapasitesinin sınırlarına ulaşmasıdır. Miraç, aklın dahi açıklamakta yaya kaldığı bir aşk termodinamiğiyle sezilebilir. Şüphesiz yakıtı aşk, biniti yürek, rotası hiç/hep olan bir yolculuktur Miraç. İşte bu nedenle ışık hızı Miraç hızı yanında kartala göre kaplumbağanın hızı gibi kalır. Işık hızından çok daha süratli olan bilincin hızı dahi yetişememektedir ona.

Bir tek Mirac'ın hızıyla duanın hızı kıyaslanabilir. İkisi de aynı yasaya bağlıdır. İşte bu nedenle namaz mü'minin miracıdır ve namaz bir fetihtir. Dışa doğru değil, öz benliğin kapalı kapılarını, aşılmaz engellerini aşıp, duyuların zincirini kırarak yüreğe doğru gerçekleştirilen bir fetih. Yüreğe, Kur'an'ın ifadesiyle "şah damarına" doğru gerçekleştirilen bir fetih.

Bu fethin nasıl gerçekleştirileceğini bize öğreten büyük öğretmen ise Peygamberimiz (s.)'dir.

BİR YÜREK FATİHİ OLARAK HZ. MUHAMMED

İslam insanların yüreğini fethetmeyi öncelemiş ve bu sayede inanılmayacak kadar kısa bir süre içerisinde dünyanın dört bir yanında kendisine yürekten bağlı müntesipler bulmuştur. Daha Medine İslâm toplumunun ilk yıllarında, ehli kitab olarak adlandırılan yahudilerle bir tevhid konfederasyonu oluşturulmuş, yahudiler ihanet edinceye kadar müslümanlarla eşit haklara sahip olarak yaşamışlardır.

Hayber'in fethi sırasında Peygamberimiz açlık tehlikesiyle karşı karşıya kalan müşrik Mekke'li yoksullara Ebu Süfyan eliyle dağıtılmak üzere gümüş yollamıştır.

Hayber'in fethi sırasında Rasulullah kesip biçmekten söz eden Hz. Ali'ye: "Yavaş ol ya Ali! Vallahi senin elinden bir kimsenin hidayet bulması kızıl tüylü deve sürülerine sahip olmandan daha hayırlıdır" başka bir varyantında "güneşin doğduğu her yere sahip olmandan daha hayırlıdır" buyurmuştur.

İbn Kayyım'ın *Ahkamu Ehli'z-Zimme*'de naklettiğine göre Medine yahudilerinden Nadîroğulları Hz. Peygamber'e suikaste teşebbüs edip sözleşmeye ihanetten dolayı sürgünle cezalandırılınca, vadesi gelmemiş alacakları için Rasulullah şu talimatı veriyordu: "Alacaklarınızda bir miktar indirim yapınız, alacağınız size derhal ödensin." (s.186) Hayber ele geçirilince, ürünlerin yarısı müslümanlara verilmek üzere anlaşma yapıldı. Rasulullah'ın vergi memuru şu teklifi yaptı: "*İster siz taksim edin ben beğendiğim yarıyı alayım, ister ben taksim edeyim siz beğendiğiniz yarıyı alınız.*" Bunun üzerine Hayber yahudileri hayranlıklarını şöyle dile getirirler: "İşte gökler ve yer bu adalet sayesinde ayakta duruyor." (*İbn Hişam III/409*)

İşte bu yürek fethi sayesinde asr-ı saadet devriminde karşı tarafın insan kaybı şaşılacak kadar düşük olmuştur. 10 yıllık Medine döneminde 27 gazve ve 60 seriyye olmak üzere savaş için toplam 87 sefer düzenlenmiştir. (*Belazuri, Ensab I/287-384*) Hamidullah'a göre bütün bu seferler sırasında öldürülen insan sayısı toplam 150 kadardır. Yazar, bu rakama kendi seçtikleri hakem kararıyla öldürüldükleri için Kureyzaoğullarını dahil etmemiştir. Verilen en kabarık rakam olan 900'ü (*İbn Hişam'a göre 600-700, III-IV, 241*) buna ekleyecek olursak her sefere 17 kişi düşmektedir. Bu bedel, 1.5 milyon km2 yüzölçüme ulaşan Batı Avrupa büyüklüğündeki bir toprağın fetih bilançosudur.

İnsan fethini toprak fethine önceleyen nebevî anlayış, raşid halifeler döneminde de sürdürülmüştü. Hz. Ömer, Mısır'ın fethi için izin isteyen Amr b. el-As'a yazdığı cevabi mektupta "Eğer Mısır'a girmeden bu mektup eline ulaşırsa kesinlikle girme ve geri dön" diye emretmişti." Halife'nin endişesi İslâm'ı insana taşıyamamaktı. Bu yüce amaç gerçekleşmeden elde edilecek toprak tarih boyunca tüm dünya devletlerinin iştahını kabartan Mısır dahi olsa, elinin tersiyle itmeye hazırdı. Halife Ömer, aynı sebeple, Ala b. el-Hadrami komutasındaki bir İslâm birliğinin Bahreyn'deki asileri kovalama gerekçesiyle İran topraklarına girdiğini öğrenince üzüntü ve kızgınlığını saklayamamış, bu durum komutanın görevden alınmasına neden olmuştu. (*Taberi, Tarih IV/79-81*) Halife'nin bu endişesinde ne denli haklı olduğu, İslâm Devleti'nin üzerinde yükseldiği değerlerin, çok değil Peygamber'in vefatından 30 yıl sonra hızla aşınmasıyla ortaya çıkmıştı

İskenderiye'nin fethi sırasında yaşananlar İslâm'ın fetih anlayışını kendisine mensup kitlelerin gönlüne nasıl nakşettiğinin en güzel göstergesidir: "Esir edilen hıristiyan askerler İslâm'ı seçmek ya da cizye verip özgür kalmak arasında seçimle başbaşa bırakılmıştı. Onlardan biri İslâm'ı seçtiği zaman Müslümanlar, İskenderiye'yi fethettiklerinde getirdikleri tekbirden daha yüksek sesle tekbir getiriyorlardı. Fakat esirlerden biri cizye vermeyi tercih edip İslâm'ı reddederse, o zaman sanki dostlarından biri düşman saflarına katılmış gibi hüzünleniyorlardı." (*Taberi, IV/106*)

İşte bu fetih anlayışı sayesinde İslâm kısa sürede Orta Afrika'dan Doğu Hind adalarına, Merakeş'ten Zengibar'a, Batı Afrikada'ki Sierra Leone'den Sibirya'ya, Bosna-Hersek'ten Yeni Gine'ye kadar yayılabilmiştir. Bu gönül fethinin silah zoruyla gerçekleştiği iddiasını ortaya atan kimi ardniyetli oryantalistlere cevabı yine kendi hemşehrileri vermiştir. Tarih felsefecisi Carlyle, bu iddianın gülünçlüğünü isbatladıktan sonra diyor ki:

> "Haydi, siz de silahlarınıza sarılın. Bu iş zorla oluyor mu, bakalım?" (*Stanley Lane Poole, Study in a Mosque, pp. 86-89*)

Bu iddiayı yanlı bakış açılarına rağmen L. Caetani ve Brockelmann da reddeder. Dahası T. W. Arnold gerçeğin bunun tam tersi olduğunu, İslâm'ın yayılışıyla siyasal hakimiyetinin ters orantılı olarak geliştiğini söyler: "*İslâm'ın en büyük insan kazanımlarını siyasal gücünün en zayıf olduğu zaman ve mekanlarda kazanmış olduğuna inananlardanım.*"

Gerçekten de Endülüs'te Leon ve Kostil Ferdinand'ı çoğunluğunu İspanyol yerlilerinin oluşturduğu Granada müslümanlarını din değiştirmekle ölüm arasında seçime zorlayıp katliama tabi tutarken (1226/634 h.) İslâm Uzakdoğu'da Mindanao, Açe Sumatra, Malay Takımadalar'ı ve Endonezya'da muhteşem bir yürek fethinin ilk tohumlarını atıyordu; hem de hiç kılıca başvurmadan. Aynı şey Doğu ve Güneydoğu Anadolu, Armenia, Azerbaycan, Maveraünnehir, Kafkasya ve daha bir çok belde için de geçerlidir. Bu beldeler İslâm'ın siyasal açıdan en ihtişamlı dönemlerinde daha hicri I. yüzyılda ele geçirildiği halde, bu belde halklarının İslâmlaşması İslâm'ın siyasal açıdan en güçsüz olduğu IX. ve X. yüzyıllara rastlar.

Kitlesel müslümanlaşma hareketleri geçmiş yüzyıllara ait bir gelişme sayılmamalıdır. Bu yüzyılın başında 1906-1910 yılları arasında Rusya'da meydana gelen kitlesel ihtidalar, Avrupa devletlerinin tüm imkanlarıyla destekledikleri misyonerlik faaliyetlerine rağmen Orta ve Güney Afrika yerlileri arasında (Mandingo ve Hausalar) kitlesel bir biçimde süren ihtidalar, ABD'deki zenci müslüman hareketi, Avrupa'da İslâm'ı seçen binlerce Avrupa yerlisi... Bütün bunlar, biz müslümanlara rağmen İslâm'ın kendi dinamiklerinden kaynaklanan cazibesini hâlâ koruduğunun en güzel delilidir.

İslâm, modern çağda, insanlığın gerçek kurtuluşunun tek adresidir. Dünyayı cennet etme iddiasıyla ortaya çıkan modernizm küremizi cehenneme çevirdi. Modernizmin karşısında İslâm'dan başka hiç bir din ve medeniyet direnememiştir. İnsanlık, İslâm'ın diriltici soluğuna her zamankinden daha muhtaçtır. O halde, sorun İslâm'dan değil, İslâm'ı insana ulaştırma göreviyle yükümlü olan biz müslümanlardan kaynaklanmaktadır.

Sorunun çözümü üç şeye bağlıdır:

1- Modern ikonların işgaline uğramış yüreğimizin yeniden fethi için İslâm'ı iyi tanımak.

2- Modern toplum makinasında bir civata derekesine indirgenen İnsanın ve modern iletişim araçlarıyla güdülenen insanlığın fethi için modern bireyi ve onun yaşadığı çağı iyi tanımak.

3- Bireysel, sosyal, ekolojik ve kozmik barışın ve mutluluğun öbür adı olan İslâm'la onu arayan insanı ve insanlığı buluşturmak için yeni bir din dili kurmak. İşte o zaman, şu Kur'anî muştunun yeniden gerçekleşmemesi için hiç bir neden yok:

"Ve fetih yakındır. İnananları müjdele!"

İSLÂM FETİHLERİNİN MANTIĞI

"Gönülden seveceğiniz bir başka şey daha: Allah'ın yardımı ve yakında gerçekleşecek bir fetih." (61;13)

İslam, en kapsamlı tanımıyla bir hayat sistemidir. Hayat hakkında sözü olan her sistem gibi İslâm da kendi ilkeleri doğrultusunda hayatı değiştirmeyi ve dönüştürmeyi hedefler.

Hayatı değiştirmeyi hedefleyen sistemler özleri itibarıyla ikiye ayrılırlar: 1- Bir iç müdahaleyle, gönüllülük esası üzere hayatı değiştiren sistemler. 2- Bir dış müdahaleyle, metazori yöntemiyle hayatı değiştirmeyi yöntem edinen sistemler.

İç müdahaleyi hayatı değiştirme yöntemi olarak benimseyen bir hayat sistemi, mutlaka inanç ve ahlâk üzerine bina edilmiş bir sistem olmalıdır. Ki bu da genel adıyla dindir. Din, önce insandan yüreğini ister. İnanç esastır. İmansız bir itaati din makbul saymaz. İnanç, kalbî bir kabul ve red olayıdır. Zorla değil iknayla gerçekleşir. İman, yürekte yanan bir meş'aledir, bu meş'aleyi yakmadan dışardan yapılacak her müdahale zoraki olacaktır. Hiç bir insan zorla mü'min yapılamaz, olsa olsa münafık yapılır; inanmaz, lakin inanmış gibi yapar.

Hayatı dönüştürmek için dış müdahaleyi üslup olarak benimseyen sistemler genelde ideolojilerdir. Her ideoloji sekülerdir. Sekülarizm, temelde kartezyen felsefeden neş'et eder. Kartezyen felsefe hakikatin kaynağını bölen, dünyayı ahiretten, zahiri batından, formu özden, düşünceyi duygudan, aklı kalpten, devleti dinden ayıran indirgemeci şirk felsefesidir. Hayatı zorla dönüştürmek isteyen ideolojiler dinlerin aksine beşeri karakter taşırlar ve genel kanaatin aksine deterministtirler. Örneğin dinler mucizeyi kabul ederken ideolojiler reddeder. Mucize, aslında eşyanın aşkın boyutudur. Mucizeyi kabul katı bir determinizmin reddidir.

XIX. yüzyıl pozitivizminin temel postülası olan kainattaki determinizmin, genel rölativite yasasıyla yerle bir edilmesi, ardından da sabit, sonsuz ve ebedi evren hurafesinin kuantum yasasının keşfi ile ipliğinin pazara dökülmesi, ideolojilerin de sonunu hazırlamıştır. Teorik fizikteki mekanizm, pozitivist karaktere sahip olan ideolojiler eliyle sosyal hayata da uygulanmaya çalışılmıştır. Marksizmin Sovyetler Birliği'nde, Çin'de, Kamboçya'da, Arnavutluk'ta ve daha birçok yerde sayısız kan dökerek yapmaya çalıştığı buydu. Kapitalizmin kalesi olan ABD'nin Vietnam'da, Panama'da, Kuzey Irak'ta silah zoruyla, Çin'de, Ortadoğu'da, Afrika'nın bir çok ülkesinde para zoruyla, Türkiye'nin de içerisinde yer aldığı Akdeniz kuşağında, Balkanlar'da, Kafkaslar'da siyaset zoruyla yaptığı da aynı şeydir. Özelde Batılılaşma projesini Türkiye'de yaşayan halka zorla dayatanların da yaptığı budur.

Bütün bu beşeri ideolojilerin amacı hayatı, kendi koydukları beşeri ilkeler istikametinde tepeden dönüştürmekti. Sekülarist, dolayısıyla pozitivist olan beşeri ideolojilerin "iman" gibi bir sorunu yoktu. Aksine onlar imana karşı başkaldırmanın ürünüydüler. Onun için de, insanların gönüllerini fethetmek gibi insâni bir üslûbu benimseyemezlerdi. Benimseseler de bu lehlerine olmazdı. Bu nedenle modernleşme projesinin Türkiye ayağının kendisine ihale edildiği ünlü bir yönetici şöyle diyordu: "Kan'la yapılan devrimler muhkem olur." Vakıa bu pek asılsız da değildi. XX. yüzyılda zorla dayatılan tüm sistemler bir bir çökerken Türkiye'deki resmi ideolojinin hâlâ yaşıyor olmasının sırrı bu sözde yatıyordu. Hangi beşeri ideolojinin daha çok kan döktüğünü saptamak isteyen, hangisinin daha fazla ayakta kaldığına bakmalıydı bu söze göre.

Oysa İlâhî dinler, daima yüreğe hitap etmiş, bir insanı diriltmeyi bir dünyayı diriltmek gibi görmüştü. Kur'an'da bir insanı öldürmenin, bütün bir insanlığı öldürmek gibi olduğunu ifade eden ayet, bu gerçeğin Tevrat'ta aynen böyle yer aldığını da haber veriyordu. Gerçekten de eldeki tahrif edilmiş Tevrat ve İncil bu anlamda ifadeler içeriyordu.

İlâhî dinlerin insana nasıl şefkat ve merhametle yaklaştığını Hz. Peygamber'in şahsında görmek mümkün. Daha önce de değindiğimiz gibi Saadet Çağı'nın nebevi devrimi, dünya tarihindeki hiçbir ideolojik devrimle karşılaştırılamayacak kadar kansız gerçekleşmiştir. 10 yıllık Medine dönemi boyunca, Rasulullah'ın bizzat katıldığı 27 gazve ve katılmadığı 60 seriyye olmak üzere toplam 87 askeri sefer düzenlenmiştir. Siyer otoritesi Prof. Dr. Muhammed Hamidullah'a göre bütün bunlarda öldürülen insan sayısı 150 kadardır. Hamidullah bu sayıya Kureyzaoğulları'ndan idam edilenlerin sayısını eklememiştir. Bilindiği gibi Kureyzaoğulları Medine'de yerleşik yahudi kabilelerinden olup Hz. Peygamber'le aralarında ittifak anlaşması yapmışlardı. Ancak, Hz. Peygamber'e suikast düzenlediler. Başarısız suikast girişimi ortaya çıkınca kendilerinin seçeceği bir hakemin hükmüne razı olmayı kabul ettiler. Müttefik Arap kabilesinin lideri Sa'd b. Ubade'yi hakem seçtiler. Onun verdiği hükümle kabilenin erkekleri idam edildi. Bu idamların sayısı İbn Hişam'a göre 600-700, İbn Sa'd'a göre ise 900 kişidir. En yüksek rakamı kabul edip bu sayıyla 150 rakamını toplasak dahi her sefere 17 kişi düşmektedir.

İşte bu rakam, topraklarının yüzölçümü 1.5 milyon km2'ye varan Batı Avrupa büyüklüğünde bir Peygamber devletinin kuruluş bilançosudur. Saadet Asrı'ndaki Nebevî inkılabın bu bilançosuyla, 1789 Fransız devrimi, 1917 Bolşevik devrimi ve 1923 ve sonrasının Kemalist devrimlerinin bilançoları karşılaştırılırsa insana verilen değer ve hürmet açıkça ortaya çıkacaktır.

İslâm tarihinde insana verilen değeri tarihe Beni Cezime olayı adıyla geçen şu örnekte açıkça görmek mümkün.

Rasulullah (s.) hicretin 8. yılında Halid b. Velid komutasında 350 kişilik bir birliği Beni Cezime kabilesini İslâm'a davet için gönderdi. Birliğin gönderiliş amacı savaş değil "fetihdi". Beni Cezime, üzerlerine bir birliğin gelmekte olduğunu görünce silahlanıp karşı çıktılar. Halid onları İslâm'a davet etti. Beni Cezime de silah bırakarak "döndük" anlamına gelen "saba'na! saba'na!" diye bağırmağa başladı. Halid'in beklentisi onların "müslüman olduk" anlamına gelen "eslemnâ" sözcüğünü söylemeleriydi. "Döndük" sözünü yanlış algılayan Halid b. Velid birliğine saldırı emri verdi. Zavallıların bir kısmı öldürüldü bir kısmı da esir edildi. Haber Rasulullah'a ulaşınca Hz. Peygamber olaya olağanüstü tepki gösterdi ve oracıkta ellerini göğe kaldırarak defalarca şu duayı yaptı: "Allah'ım, ben Halid'in yaptığından beriyim! Allah'ım, Halid'in yaptığı işten sana sığınırım!" Rasulullah Hz. Ali'yi çağırarak ona hazineden bir miktar mal verip şöyle dedi: "O kavmin yanına git ve uğradıkları zararı öde. Cahiliyye adetlerini de ayaklarının altına al ve itibar etme." Hz. Ali Beni Cezime toprağına geldi. Onlardan öldürülenlerin kan bedellerini ödedi, telef olan mallarını kırılan köpek çanaklarına varıncaya dek tazmin etti. Tüm zararlar tazmin edildikten sonra elinde bir miktar mal kaldı. "Bu malı da size ihtiyat olarak veriyorum. Rasulullah, bu fazlalığı verirken her halde bir bildiği vardır" dedi. Hz. Ali görevini bitirip dönünce Rasulullah'ı endişe içinde yine ellerini semaya kaldırıp tekrar tekrar şu duayı ederken buldu: "Allah'ım ben Halid'in yaptığından beriyim!" (*İbn Hişam, IV/561*)

Rasulullah'ın insan hayatına verdiği önemin örnekleri çoktur. Buna benzer bir durum da Üsame b. Zeyd'in başına gelmişti. Bir savaş sırasında mübarezeye tutuştuğu hasmını tam öldürecekken hasmı şehadet kelimesini söylemiş, Üsame onun canını kurtarmak için şehadet getirdiğine hükmederek hasmını öldürmüştü. Olay Rasulullah'a duyurulduğunda o denli kızmıştı ki, ondan sonra Üsame'yi her görüşünde "Üsame, demek sen Rabb'im Allah diyen birini öldürdün ha?" diyerek kınamış, Üsame Rasulullah'ın bu ısrarlı kınayışları karşısında ne denli sıkıldığını şu sözlerle dile getirmiştir: "Rasulullah bu sözü o kadar çok tekrarladı ki, kendi kendime "keşke, bu olaydan sonra müslüman olsaydım" dedim."

İslâm'ın insana verdiği bu değer yüzünden kitleler İslâm'a gelmekte tereddüt etmemiştir. Hatta İslâm'a girmeyenler dahi müslümanların insancıl davranışlarından etkilenerek müslüman olmadıkları halde müslümanlarla birlikte kendi dindaşlarına karşı savaşmışlardır. Bunun en tipik örneği Suriye'de gerçekleşmiştir. Hicri 144 yılında Bizans imparatoru Juntinyanus'un, müslüman akınlarını durdurmak için Suriye'ye yerleştirdiği hıristiyan Slavlar müslümanların saflarına iltihak ederler. Müslümanlar da onları aynı yerde Bizans'a karşı konuşlandırır. Bu hıristiyan Slavlar daha sonraları Bizans'a karşı müslümanların saflarında savaşacaklardır. (*Lebeau, Histoire du Bas-Empire, neşr. M. st. Martin, Paris 1830, c. XII, s. 27-31*) B. Levis der ki: "Filistin'de hıristiyan Samaritenler müslümanlara o denli yardımda bulundular ki, müslümanlar onların bu yardımına karşılık onları cizyeden muaf tutma gereği hissettiler." (*Tarihte Araplar, 67*)

Müslümanların engin hoşgörüsüne ilk kuruluşu müslümanlar eliyle gerçekleştirilen Kahire, Bağdat, Basra, Kufe vb. gibi birçok İslâm şehrinde yer alan kilise ve havralar şahittir. Bu gibi müslümanlar eliyle kurulan kentlerde bugün dahi ayakta kalan diğer dinlere ait mabedler geçmiş zamanlardan intikal eden yapılar değil, sonradan yapılan yapılar olduğu muhakkaktır.

Haçlı seferleri sırasında müslüman doktorlar kendi yaralılarını tedavi ettikten sonra, muharebe bitince hıristiyan kamplarına giderek düşman yaralılarını da tedavi ediyorlardı. (*Garaudy, İslâm'ın Vadettikleri, 86*)

İslâm'ın ruhunu kavrayan her insan, diğer insanların ya dinde kardeşi ya insanlıkta eşi olduğu gerçeğinden yola çıkarak davranır. Bu Hz. Ali'nin tavrı ve tesbitidir. Bu ruhu kavramış olanlardan biri de asil insan Emir Abdulkadir'di. Cezayir'i işgal eden Fransız sömürgecilerine karşı 30 yıl amansız bir mücadele verip sonunda Fransızlara esir düşen efsanevi komutan Emir Abdulkadir işgal rejimi tarafından Şam'a sürgün edilir. 1860 yılında Şam'da yerli halk tarafından yabancılara karşı başgösteren ayaklanma sırasında 14.000 Şam'lı hıristiyanı himayesine alarak mutlak bir ölümden kurtarır. (Kasım Sadullah, Hayatu'l-Emir Abdulkadir, Şirketu'l-Vatani, Tunus, 1974) Bunun üzerine Papa, Emir Abdulkadir'e Pie IX nişanını verir. Verir vermesine de, çok değil yaklaşık bu tarihten 80 yıl sonra 1940'ta Fransa, özgürlük mücadelesi veren sömürgesi Cezayir'de korkunç bir katliama girişir. Sonuç bir milyon şehid.

Hiç kuşkusuz, inanç özgürlüğü konusunda diğer dinlerin mensupları müslümanların gösterdiği performansı sergileyememişlerdi. 1572 yılında Fransa'da gerçekleşen Saint Barthélemy katliamında Katolikler yalnızca Paris'te birkaç gün içerisinde 3.000'den fazla insan katletmişlerdi. Citeaux piskoposu Arnald Amaralicus, sapıklığından kuşkulanılan Béziers kenti sakinleri için ne yapılması gerektiğini soranlara kısa bir cevap vermişti:

> "Tümünü öldürün! Tanrı, kendinden yana olanları tanır."

Bu fetva üzerine yaşına ve cinsiyetine bakılmaksızın 20.000'e yakın insan kılıçtan geçirildi ve kent yağmalandı.

Hıristiyan fanatizminin en büyük kurbanı hiç kuşkusuz Endülüs müslümanlarıdır. Yaklaşık yedi asır İslâm medeniyetinin beşikliğini yapmış olan Endülüs'ün bugününe bakanlar Hıristiyanlık'la İslâm'ın farkını kolayca anlayabilirler. Leon ve Kostil Ferdinand'ının müslümanları soykırıma tabi tutarak Kurtuba'yı ele geçirip son kale Gırnata'yı da haraca bağladıklarında İspanya'nın yerli halkından sonucunun ölüm olduğunu bile bile yine de kitleler halinde İslâm'ı seçenler oluyordu. Bu gerçeği gören ünlü İngiliz tarihçi Carlyle İslâm'ın kılıç zoruyla yayıldığı oryantalist tezini şöyle çürütüyordu:

> "Haydi, siz de kılıcınıza sarılın, bakalım kılıçla oluyor mu?"

Ünlü İslâm tarihçisi Yakut el-Hamevi Mu'cem'- inde hicri 626 (m. 1228) yılında Halep'te Macaristan'da yaşayan bir müslüman topluluğundan bazı insanlarla karşılaşır. Bunlar, kendilerine Başkırd denilen ve İslâm'ı seçmiş bir topluluktur. Sistematik olarak Hanefi mezhebi üzere fıkıh tahsili için gönderilen öğrenciler arasında bulunduklarını söylerler. Verdikleri bilgilere göre Macar kralına tabi topraklarda 30 kadar yerleşim bölgesi tamamıyla müslümandır. Macar kralı, ayaklanmalarından korktuğu için kale yapmalarına izin vermemektedir. Macarlarla aynı dili konuşmakta, aynı kıyafeti giymekte, onlarla birlikte savaşmakta ve vergi vermektedirler. Nasıl müslüman oldukları sorusuna ise şu cevabı vermektedirler:

> "Atalarımızın bir çoğundan duyduğumuza göre eski zamanlarda Bulgaristan tarafından 7 müslüman gelmiş ve içimizde yerleşmiş. Bunlar hatalarımızı oldukça yumuşak ve kibar bir üslupla düzeltir ve İslâm'ın doğru yolunu hayatlarıyla bize gösterirlermiş. Sonra Hak Teala rehberimiz olmuş, kalplerimizi imana açmış hepimiz de müslüman olmuşuz. Biz bu şehre fıkıh tahsiline geldik." (I/469)

M. Tayyib Okiç, bu konuda hazırladığı bir makalesinde Yakut'un sözettiği Başkırdlar'a Macar kaynaklarında *İsmaili* adı verildiğini söyler. Yine aynı makaleye göre Macar kralı Szent Laszlo'nun müslüman vatandaşlarını zorla hıristiyanlaştırmak için 1092 tarihli kanunnamesinin 9. maddesi şöyledir:

> "İsmaili (müslüman) tüccarların vaftiz edilip hıristiyanlaştırıldıktan sonra eski dinlerine tekrar dönmeleri ve çocuklarını sünnet ettirmeleri durumunda oturdukları yerden sürgün edilip başka şehirlere yerleştirilmelerini kral emretmektedir."

Macar müslümanlarının hıristiyanlaştırılması işinin tavsatılmaması için kral Karlman'ın meclisi bu kanuna daha şiddetli maddeler eklemişti. Bu maddeler şunlar:

Madde XLVI: "Bir kimse bir İsmailinin Hıristiyan geleneği dışında oruç tuttuğunu veya yemek yediğini, ya da domuz eti yemediğini, yahut abdest aldığını veya dinine ait işler yaptığını görür de krala haber verirse, haber verene İsmailinin malının bir bölümü verilecektir.

> Madde XLVII: "Her İsmaili köyü bir kilise yaptıracak ve

bu kiliseye aynı zamanda bağış yapacaktır. Kilise yapıldıktan sonra İsmaililerin yarısı bu köyden göç edecek ve bizimle birlikte tıpkı bir evde oturan aynı dinden insanlar gibi yaşayacaklardır ve İsa'nın kilisesinde kuşku uyandırmadan ibadet edeceklerdir.

Madde XLVIII: "Bir İsmaili kızını kendi dininden bir kimseye vermeyecektir, bizim dinimizden olan birine verecektir.

Madde XLIX: "Bir kimse bir İsmailiye konuk olarak giderse, yahut o başka birini yemeğe çağırırsa, kendisi de konuğu da yalnızca domuz eti yiyeceklerdir." (*Janos Karacsony, kik Voltak s Mikor Jöttek Hazankba a Böszörmenyek Vagy İzmaelitak, Budabeşt 1914'ten nakl. M. Tayyib Okiç, Güneydoğu Avrupa'da İslâm'ın Zuhuru, İs. Ar., c. 6, s.2*)

Elbette İslâm tarihinde İslâm'ın ruhuna zıt kimi uygulamalar da olmamış değil. Örneğin Hülagu'nun Çağatay Hanlığı'nın yerine Kaşgar'da kurulan bir hanlığın kurucusu olan Toğluk Temur müslüman olarak adını Muhammed'e çevirir ve Moğol'ları zorla müslüman etmeye kalkar. Bağnazlıkta o derece ileri gider ki, örneğin başına sarık sarmak istemeyen bir adamın kafasına at nalı çaktırır. Bu olayı bize nakleden Mirza Muhammed Haydar, Han'ın bu günahını kastederek "Allah taksiratını affetsin" der. (*Tarih-i Raşidi, 13-15*)

YENİDEN FETİH HAREKETİ

Uzun insanlık destanının hiç bir döneminde insana ulaşmak bu denli kolaylaşmamıştı, bu doğru. Ne ki, yine uzun insanlık destanı boyunca insanlar birbirine bu kadar kapalı, insan teki bu kadar yalnız da olmamıştı.

Hobbs'un batı toplumunu tanımlarken kullandığı "insan insanın kurdudur" postülası, batı modernizminin güdümüne giren tüm dünya toplumları için de geçerli hale gelmiştir. Modern batı, olayı böyle algıladığı için kurda-kuşa yem olmamanın yollarını da aramış ve kısmen de olsa bulmuştur. Batının bulduğu çıkış noktası kurtlar toplumunu biraz daha azdıracak olan "bireyselleşme" idi. Ancak doğu toplumları modern kültürün hegemonyası altında birbirinin kurdu haline getirilmiş, lakin batı toplumları gibi bireyselleşememişti. Onun için de modernleşmenin doğu toplumlarındaki tezahürleri batı toplumlarından sonuç itibarıyla daha yıkıcı ve tahrip ediciydi.

Tabi ki biz "modernleştik, oldu olacak, bireyselleşelim bari" demiyoruz. Bu çözüm olmadığı gibi, müslüman bir toplum oluşturma umutlarının tümden yok olması demektir. Doğanın yasasıdır, "ayrı şeyler ne yapsalar da aynı şeyler olmazlar." Modernleşmenin insan öğüten değirmeninden, taşların arasına tahıl yerine taş atarak kurtulamazsınız. Bu işi daha da içinden çıkılmaz hale getirir. Aslolan, insana yaraşır bir hayatı yeniden inşa etmektir. Bu noktada bireyselleşme yerine teklifimiz "şahsiyet"tir.

Şahsiyet, bütün içerisindeki yerini, farklılığını koruyarak alan insan demektir. Lugat anlamı silik ve sıradan olmayan, belirgin ve farkedilebilir olan insandır. Şahsiyet sözcüğüyle, Türkçe'de de kullanılan teşhis, *müşahhas* sözcükleri akrabadır. Bunlar da kelimenin anlam alanını göstermektedir.

Modern toplumun birbirinin kurdu haline gelmiş bireylerini, modern mekanik toplum makinasının silik bir civatası olmaktan çıkarıp şahsiyet haline getirmek, çok ciddi bir fetih seferberliğiyle mümkündür. İşte biz buna "yeniden fetih hareketi" diyoruz.

Yeniden fetih hareketi, "Ve enzir aşirateke'l-akrabîn: Önce yakın çevreni uyar" İlâhî metodu gereğince merkezden başlayıp muhite doğru halka halka genişleyecektir. Yeniden fetih hareketinin fatihleri, önce işgale uğramış yürek ve akıllarını işgalden kurtararak işe başlamalıdırlar. Modern ikonların, soyut putların, teknoloji ürünü sanemlerin işgaline uğramış bir kafa ve kalple başkalarının yüreğini açmaya kalkışmanın imkansızlığı ortada. Kafa ve kalbini işgalden kurtarabilmiş insan "şahsiyet" olmayı hak etmiş demektir.

İşte bu gerçekleşir ve müslüman şahsiyet yeniden inşa edilebilirse, müslüman toplumun ve İslâmî hayatın yeniden inşasının önündeki en büyük engel de kalkmış olacaktır.

İslâm'ın Yitik Çocukları

İçinde yaşadığımız sözde müslümanlardan oluşan toplumun bilincini örten kalın surlar, bir şefkat ve sevgi taarruzuyla parçalanabilir. Hepimizin kafasını işgal eden soru aynı: Düne kadar İslâm'ın fatihleri olmuş bir toplumdan bugün nasıl oldu da İslâm'a düşman nesiller peydahlandı? 70 yıl öncesine kadar, değil müslümanlara gayrı müslimlere dahi "şeriat adalettir" dedirten insanların torunları arasından nasıl oldu da "kahrolsun şeriat" diyen zavallılar çıkabildi?

Tüm varlığını küfre borçlu olanlar, gayrı müslim efendilerinin kendilerine verdiği rolü sadık bir bende gibi oynayanlar, küfrün ve şirkin gönüllü Ebu Cehilliğini yapanlar bir tarafa. Onlar *küfrün önderleridir* ve onlara nasıl muamele edileceğini Kur'an açıklamıştır.

Ancak, bu çok marjinal muannid İslâm düşmanları dışında bir de kelimenin tam anlamıyla cahil bir kitle var. Bu cahil kitle, İslâm'ı İslâm'ın dostlarından değil de düşmanlarından öğrendi. Bu *cahil* kitle İslâm'a İslâm'ın hakim olduğu değil, mahkûm olduğu bir dönemde düşman edildi. Onlar, aradıkları ışığın, girip de sırtlarını döndükleri mağaranın kapısından sızan ışık olduğundan habersiz zavallılar.

Fetih seferberliğinin ilk muhatabı da işte bu İslâm'ı İslâm'ın düşmanlarından öğrenen cahil kitledir. Onlar, İslâm'ın yitik çocuklarıdır. Onlar, bu çağın öksüzleridir. Onlara bir yetim, bir öksüz gibi şefkatle, merhametle yaklaşmak, ana gibi kucak açmak, onları sokaktan tekrar yuvaya davet etmek, fedakar müslümanlara düşmektedir. Onlar arasında, düşmanları tarafından saraydan kaçırılıp asıl ailesine düşman edilerek onlara karşı savaştırılmak üzere yetiştirilmiş Hind şehzadesi rolü oynayanlar çıkabilir. Bu tipler, eğer gerçeği farkedebilirlerse kendilerini bu duruma getiren şeytanın askerlerine karşı herkesten daha güçlü bir mücadele sergileyeceklerdir. İslâm düşmanlarının İslâm'a karşı kullanmak için yetiştirdikleri *İslâm'ın yitik çocukları*, yuvalarını bulduklarında iman cephesinin en büyük mücahidi olacaklardır.

Avrupa'lı Müslümana Düşen

Yeniden fetih hareketi bu sınırda da durmayacak, küresel ölçekte her bir insanı İslâm'ın yitik çocuğu bilerek kayıp kardeşlerini aramaya çıkacaktır. Afrikalı, Asyalı, Avrupalı, Amerikalı, Avustralyalı kardeşlerini... Siyah, beyaz, sarı, kırmızı kardeşlerini...

Bu bağlamda Avrupa'da -bir takım sorunlarla birlikte- günden güne gelişen göçmen müslüman varlığından bir fetih bekleme zamanının geldiğine inanıyoruz. Şimdiye dek kendi iç sorunlarıyla boğuşan Avrupa müslümanları en kısa zamanda eğitim, kültür ve ekonomik faaliyetlerini Avrupa'nın modern makinasında bir dişli konumuna indirgenmiş zavallı insanına farklı bir dünyanın, alternatif bir hayatın soluğunu hissettirecek şekilde dizayn etmek zorundadırlar. Avrupa "fast-food" piyasasında hatırı sayılır bir yere sahip olan müslüman göçmenlerin Hans'a, Margrit'e, Albert'e ikram edecekleri bir sandöviçlik "şevirme"nin ne muhteşem sonuçlara yol açacağını bilmeleri gerekmektedir. Şimdiye dek müslümana hiç yakışmayan "pis gavur" bakışaçısından kurtulup, "müslüman adayı" bakışaçısına kavuşmak gerekmektedir. Kimi mahalle vaizlerinin kaba softalıklarıyla eşyalarına zarar vermeyi, yolda giderken omuz vurmayı, yere düşünce boğazına basmayı, bayramlarında ve düğünlerinde tebrik, ölülerinde taziye gibi gayet insâni ve İslâmî uygulamaları "haram" sanma yanlışını terkedip, Rasulullah'ın örnek tavır ve davranışlarını yeniden diriltmek gerekmektedir.

Rasulullah'ın komşusu olan gayrı müslimlerin cenazelerine taziyeye gittiğini, onlara ikramda bulunduğunu, ikramlarını kabul ettiğini, saygılı davrandığını, hatta yoldan cenazeleri geçerken ayağa kalktığını, kendisine nedenini soranlara "insan değil mi?" dediğini hatırlamak gerekiyor. Kendisinden canına kasteden müşriklere beddua etmesi istenince ellerini kaldırıp "Allah'ım, onları affet, onlara hidayet et, çünkü onlar bilmiyorlar!" dediğini hatırlamak gerekiyor.

İslâm'ın insan kazanımının siyasal yükselişiyle hiç bir doğrudan bağlantısının olmadığı tarihi gerçeğini daha önce vurguladık. Fazla iddialı olmayacağından emin olsam, rahatlıkla İslâm'ın insan kazanımıyla siyasal yükselişinin ters orantılı olduğunu dahi söyleyebilirim. İslâm, cazibesini kendi bünyesinde taşıdığı insanlığın değişmez değerlerinden almaktadır. İslâm, insan kazanımı için birilerinin zoruna ihtiyaç duymayacak kadar iç cazibeye sahip bir hayat sistemidir.

Bunun en çarpıcı örneği içinde yaşadığımız yüzyılda meydana gelen kitlesel İslâmlaşma hareketleridir. Bu İslâmlaşma hem klasik anlamda müslüman olduğu halde modern batının kültür emperyalizmine teslim olduğu için İslâmî hayattan kopmuş kitleler için, hem de köken olarak başka dinlere mensup olduğu halde sonradan İslâm'ı benimseyen kitleler için geçerlidir.

Birincilere örnek tüm İslâm topraklarında günden güne gelişen İslâmî hareketler ve şuurlanma trendidir. İkincilere ise birçok örnek verilebilir. Biz bazılarına burada değinelim.

Batı Afrika'da Gana, Togo ve Fildişi Sahili'nde yaşayan putperest Akan kabilelerinin hemen tamamı, içinde yaşadığımız yüzyılda hıristiyan misyonerlerinin hazineler sarfetmesine rağmen İslâm'ı seçmişlerdir. (*Müslüman Halklar Ansiklopedisi, I/55*)

Mandingo dil grubundan olan Mali, Gine ve Gambia sınırları içerisinde yaşayan Bambaralarda müslüman sayısı yüzyılın ilk çeyreğinde % 12 iken şimdi bu sayı % 70'lere çıkmıştır ve halen İslâm bu dili konuşan kabileler arasında hızla yayılmaya devam etmektedir. (*Age. I/139*)

Yine bakir kıta Afrika'nın en büyük kabilesi olan Huasalar kitleler halinde İslâm'a akmaktadır. İslâm, müslümanlaşan bu halklar üzerinde köklü değişiklikler icra etmekte, bu değişim sadece imaj ve isim değişikliği olarak kalmamaktadır. Bu gerçeği itiraf eden araştırmacı Leo Africanus, müslüman Mandingolar'ın, Afrika'daki bütün yerli kabilelerin en uygarı, en entellektüeli, en saygını olduğunu ifade etmektedir. (*İzzeti, 162*)

Yine Çad gölü adalarında yaşayan Budumalar'ın tamamı içinde yaşadığımız yüzyılda müslüman olmuştur. (*Müs. Halk. Ans. I/242*)

Kitlesel ihtidalar sadece Afrika'da değil tüm kıtalarda gerçekleşmiş ve gerçekleşmektedir. Rusya'da 1906 ile 1910 yılları arasında İslâm'a kitlesel katılımlar olmuştur. Rusya'daki bu kitlesel ihtidaların nedenini konuyu araştıran bilim adamları Rus toplumunun içerisine düştüğü ahlâkî yozlaşmadan bir kaçış olarak nitelendirmişlerdir. (*İzzeti, 159*) Bu bağlamda fedakar davetçiler Rus Çarı'na kadar ulaşmışlar, Çar Vladimir, kendisine İslâm'a girmesi teklif edildiğinde, tek sıkıntısının içki olduğunu, içkiden vazgeçemeyeceği gerekçesiyle müslüman olmaktan imtina ettiğini itiraf etmiştir. (*İzzeti, 160*)

Amerika kıtasındaki müslümanlaşma bugün milyonlarla (6 milyon) ifade edilmekte ve istatistikler İslâm'ın Amerika'nın ikinci dini haline geldiğini göstermektedir. İslâmlaşmada "ya hep ya hiç" mantığının tutarsız ve kumarbaz mantığı olduğunu Amerika'daki İslâmlaşma bir kez daha isbat etmiştir. Ford adlı hayatı karmaşık birinin başlattığı ve İslâm'ın temel değerlerinden hayli uzak olan hareket, kendisini peygamber ilan eden Elijah Muhammed'in ölümünden sonra salim ve müstakim bir çizgiye doğru kayarak ilerlemektedir. Her ne olursa olsun, tüm yanlış ve eksiklerine rağmen Amerika'daki ya da yeryüzünün her hangi bir yerindeki müslümanın varlığı, her bir mü'min için değerlidir ve ümmet okyanusunun oralardaki bir uzantısıdır. Bir müslüman, evrensel ailesine katılan bir kardeşiyle ancak gurur duyar.

Avrupa'daki İslâmlaşma daha sıhhatli gelişmektedir. Daha çok entellektüeller arasında yaygın olan Avrupa ihtidaları, İslâm'a cidden cins ve değerli evlatlar kazandırmıştır. Bunlardan biri olan Roger Garaudy şunu söylemektedir: "İki milyon yılda kurulmuş insanlığı birkaç yüzyıl içerisinde yok etme yolunda olan Batı medeniyetinin korkularına çare, sorunlarına cevap İslâm'dadır. İslâm kurtuluştur." (*Uluç, 40*) Bir başka Fransız müslüman Avrupa'daki (ve her yerdeki) İslâmlaşmanın biz müslümanlara rağmen gerçekleştiği gerçeğini ne de güzel açıklıyor:

> "Batılılar müslümanlara bakarak değil İslâm'a bakarak müslüman oluyorlar." (*Uluç 156*)

25 yaşında ve Cambridge öğrencisi olan Abdulhalim Winter'in İslâm'ı tercih sebebini şu sözlerden kolayca anlıyoruz: "Modern hayatta bütün felaketler dünyevileşmeden doğuyor. Para ve madde insanları bu dünyaya bağlıyor, dini değerleri maneviyatı unutturuyor." (*Uluç, 34*) Bu cümleler, bizim "İslâm kendi cazibesini içerisinde barındırmaktadır" sözümüzü doğrulamaktadır.

Burada, sık yapılan bir yanlışın altını çizmemiz gerekmektedir. O da, İslâm'ı seçen her bir mühtedi ile, -hele bu mühtedi bir batılı ve de aydınsa- İslâm'ın şeref ve izzet kazandığını sanmak. Gerçek bunun tam tersidir. İslâm'ı seçen kimse İslâm'a izzet ve şeref kazandırmaz, aksine kendisi İslâm'la izzet ve şeref bulur. Daha önce öyküsünü aktardığımız Şemsüddin isimli bir müslümanın kendisine "köpek" diye hakaret eden Moğol Han'ına verdiği cevapta olduğu gibi: "Evet, eğer İslâm'la şereflenmeseydik köpekten de daha aşağılık bir mahlûk olurduk."

İslâm'ı seçen mühtedilere gösterilen ilgi bir yere kadar doğal ve gerekli sayılmalıdır. Bir kardeş daha kazanmış olmanın sevinci dünyanın tapusunu elde etmenin sevincinden aşağı olmamalıdır. Unutmamalıyız ki bir âdem bir alemdir. Ne ki bu sevincin illeti Allah ise sevincin kendisi de meşru olur. Yok eğer bu sevinç bir sonradan görme psikolojisinin ürünüyse, bu, kendi inancını takdir etmekten aciz birinin başkalarına bakarak inancına değer biçmesi anlamına gelir. Böylesi bir tavır da İslâm'a hakaret anlamını taşır. Biz müslümanlar, gayrı müslimlerin dinimize rağbet etmesini müslümanlığımızın bir mazereti gibi görmemeliyiz. Eğer böyle yaparsak "hakta" ve "haklı" olduğumuzdan vazgeçip "mazur" olduğumuzu gösterme gayreti içindeyiz demektir ki, bu da inancından emin olmamak, yani "mü'min" olamamak demektir.

Kendi inancından emin olmanın yolu, onu başkalarının tasdik etmesinden geçmez; kişinin kendi yüreğinin tasdik etmesinden geçer. Başkalarının davranışlarına bağlı olan iman, iman değildir. Çünkü iman gerçeğe olan güvendir. İnandığını sandığı gerçeği başkalarının onaylamasını bekleyenler ya inançlarında samimi değildirler ya da inançlarının değerini idrakten aciz cahillerdir.

Şunu iyi bilmek gerekir ki İslâm'ı bir hayat tarzı olarak seçen kendi lehine seçmiş olur, seçmeyen de kendi aleyhine seçmemiş olur. İslâm kendisini seçene izzet ve şeref verir. Kimse İslâm'ı seçtiği için Allah'ı minnet altına alamaz. Aksine, İslâm'ı bir hayat tarzı olarak seçen herkes, ebedi mutluluğun yolunu kendisine gösterdiği için Allah'a minnet etmeli, şükretmeli, kendisini borçlu hissetmelidir. Tersi, bir medeninin değil bir bedevinin davranışıdır. Tıpkı şu ayetlerde ifade edildiği gibi:

> "Müslüman oldular diye seni minnet altına almak istiyorlar. De ki müslüman olmanızı benim başıma kakmayın. Aksine, sizi imana ulaştırdığı için Allah sizi minnet altına alır, tabi dürüstseniz." (49;17)

Bu konuda yapılan bir başka yaygın yanlış da, bir mühtedinin müftü önünde şehadet getiren fotoğrafına gıbta ve sevinçle bakan nicelerinin İslâm'ın öz evladı olan binlerce, kimi zaman milyonlarca müslümanı birtakım bahanelerle İslâm harici olarak görüp bir kalemde silmeleridir. Mezhebi mezhebimden, meşrebi meşrebimden, çizgisi çizgimden değil diye yapılan bu manevi katliam tarih boyunca ümmet birliğinin önündeki en büyük engeli oluşturmuştur.

ÜÇÜNCÜ BÖLÜM

FETİH ARAÇLARI

İMAN

İman, hayatın enerjisidir, belki ta kendisidir. Peygamber'in torunu, büyük şehid Hz. Hüseyin öyle diyordu: "Hayat iman ve cihaddır." Yalnızca, hayat iman değildir, aynı zamanda iman da hayattır.

İmansız bir hayat, yaşamıyor gibi yaşamaktır. İmansız bir toplum, dik sürüngenlerin yaşadığı bir toplumdur. İnsan sadece yemekhane, yatakhane ve abdeshane arasında hortum değildir. İnanmak, insanı beşer konumundan çıkarıp insan konumuna yücelten erdemdir.

İman, dâvâ sahibi olmaktır. Dâvâ sahibi, yani iddia sahibi olmak. İddiası olmayanların, şu dârı dünyada söyleyecek sözleri yok demektir. Dünyada söyleyecek sözü olmayanlar, yaşıyor olmanın hakkını vermeyenlerdir. Bir dâvâ sahibi olmak, yaşamaya hakkı olmak demektir. İnsan hayatıyla bir solucanın, bir sivrisineğin, bir tahtakurusunun yaşamı arasındaki temel fark budur.

Davasız insan gayesiz, hedefsiz insandır. Hayatının bir gayesi ve hedefi olmayan kimsenin bir kişiliği ve kimliği de olmaz. İnsan kişiliğini olgunlaştıran, onu kimlik sahibi kılan unsur gayedir. Amacını kaybetmiş bir insan yaşama nedenini de yitirmiş demektir. O kimse ya sahte amaçlara sarılarak oradan oraya savrulacak, ya da kimliksiz ve kişiliksiz bir hayata mahkûm olacaktır. Her iki halde de mutluluğun sahici kaynağına ulaşamayacaktır.

Modern bireyin en büyük handikapı budur. Zaten, kendisini modern birey haline getiren süreç inançsızlaştırma ve amaçsızlaştırmayı hedeflemektedir. Bu şekilde insan, modern makinanın mekanik ve basit bir civatası derekesine inmektedir. Değilse modernite nasıl ayakta kalabilir? Bu yönüyle modernizm, insanın insanlığına yöneltilmiş en büyük tehdit olarak durmaktadır.

Modernitenin insan tipi olan "modern birey"in karşısında "şahsiyet" durmaktadır. Şahsiyet, teşhis, müşahhas aynı etimolojik kökten gelen kelimelerdir. Şahsiyet düz, silik, sıradan olmayan, farkedilebilir, özellikli, özel değil ama has/hususi, öznel değil ama özgün olan kişi demektir. İnsanlığı, günümüz nüfusu itibarıyla 6.5 milyarlık standart bir kereste yığını haline getirmeye çalışan bir dünya, elbette insanın insanlığını yok etmeye çalışan bir dünyadır. Böyle bir dünyada, hak ya da batıl hangi dâvâya inanıyor olursa olsunlar, dâvâ adamları okyanusta bir ada olmak gibi aykırı bir kaderi yaşamaya mahkûmdurlar. İnsanın ve insanlığın topyekün kalaslaştırılma ameliyesine tabi tutulduğu modern dünyada bir dâvâ uğruna mücadele vermek, bir inanç eri olmak başlı başına bir erdemdir. Böyleleri, dâvâları batıl dahi olsa, Allah tarafından unutulmamakla ödüllendirilmektedirler. Batıl bir dâvâ uğruna can veren, hayatlarını bir amacın gerçekleşmesi yolunda harcayan insanlar, dünyada gönüllerde yaşatılarak ödüllendirilmektedir. Eğer, bu şeyler hak bir dâvâ uğruna verilmişse, elbet o iki dünyanın ölümsüzleri listesindeki yerini alacaktır.

Etrafınıza baktığınızda, insana yatırım yapanların dâvâsı olanlar olduğunu görürsünüz. İnsan kazanmak iman ehlinin en büyük ibadetidir. İmanı bir yüreğe daha taşımak için çekmeyecekleri çile, katlanmayacakları sıkıntı, ödemeyecekleri bedel yoktur. Bir âdem bir âlem diye yürürler. Herkes para kazanmak için savaş verirken onların gözü insandadır. Onlar, bir insanın daha yüreğine ulaştıklarında yeryüzünün hazineleri kendilerine verilmiş gibi sevinirler.

İman dâvâsına gönül verenler, insanı kazanılabilecek en büyük servet olarak görürler. Kazanılacak başka hiç bir şeyin insan kadar kalıcı ve sahici bir değer olmadığını iyi bilirler. Yine bilirler ki iman insanın, insan ise imanın bir emanetidir. İman insansız bırakıldığında imana, insan imansız bırakıldığında insana ihanet edilmiş olur. Emanete ihanet edenlerin yeri ise hainlerin safıdır.

İman davasına gönül verenler imanın emniyet/güvenlik olduğunu da bilirler. Emanete riayet etmeden emin olunamayacağını, emin olunamadan mü'min olunamayacağını, mü'min olmayanın da en büyük emanet olan imana ihanet etmiş olacağını iyi bilirler. İman emanetine riayetin, aslında şuur ve irade emanetine riayetle doğrudan bağlantılı olduğunu unutmazlar. Şuur ve iradenin zaferi bizatihi imanın zaferidir. Bu anlamda takva, Allah'a karşı sorumluluk şuurudur. Bu şuurla donanmamış biri, hem kendisine karşı, hem eşyaya karşı hem de yaratanına karşı yabancılaşacak demektir.

İmanı taşımak, modern zamanlarda, Peygamber ifadesiyle avuçta bir ateş koru, bin ateş koru taşımak demeye gelir. Avuçta taşınan bu ateş yürekte taşınan güneşin bedelidir. Yüreğinde iman gibi bir güneşi taşıyanların, insanlığı aydınlatmak uğruna avuçlarında kor taşımak gibi bir bedele seve seve razı olmaları gerekmektedir. Eliniz yüreğinize bağlıysa, tıpkı İbrahim gibi, yüreğinizden gelen güç elinize direnç verecek ve onu yakmayacaktır. Fakat elim yanar diye bu koru tutmaktan kaçınırsanız, sade elleriniz değil yürekleriniz de yanacaktır.

Böylesine bir bedel ödenerek taşınan imanı inkâr etmek Kur'an'ın uyarısıyla dünyada amelleri/eylemleri boşa çıkaracak, o kimse ahirette de kaybedenlerden olacaktır. (5;5) İmanı inkârın öbür adı, *tekfir hastalığı*dır.

Tekfir, yalnızca "imanı inkâr" değil, aynı zamanda insanı da harcama hastalığıdır. İslâm'ı, İslâm'ın dostlarından değil de düşmanlarından öğrenen insanlar hakkında hüküm vermek yerine, onları "cahil" addedip aydınlatmak en doğru yöntemdir. İslâm'a, İslâm'ın hakim değil mahkûm olduğu bir ortamda düşman olan insanlar için de geçerlidir aynı şey. Onların düşman oldukları din Allah'ın dini olmaktan daha çok atalarının dinidir. Onlar, İslâm'ı İslâm'ın hakim olduğu bir ortamda öğrendikleri halde düşmanlıklarını hâlâ sürdürecek olurlarsa hüküm o zaman verilecektir.

Konfüçyüs'ün ifadesiyle cehaletin saadet sayıldığı bir ortamda insanları yargılamak ve mahkûm etmek, insana kıymak demektir. Peygambervari bir şefkatle modern cahiliyyenin kucağında yetişen kurban kuşaklara bir mutluluk sakası gibi saadeti gönül gönül taşımak ancak hayatlarıyla örnek olabilen gönül fatihlerinin yapacağı iştir.

ÖRNEK YAŞANTI

"Allah'a çağıran, salih amel işleyen ve "Ben teslim olanlardanım" diyen kimseden daha güzel sözlü kim olabilir?" (41; 33)

Peygamberlik, bir örneklik müessesesidir. İlâhî öğretiyle tüm diğer beşeri ideolojiler arasındaki temel farklardan biri de budur. Beşeri ideolojilerin albenisi teorilerindedir. İlâhî öğretinin cazibesi ise ortaya koyduğu örneklerdedir. Bu nedenle hiçbir beşeri ideoloji İlâhî öğretiyle yarışamamış, ideolojiler İlâhî öğretiler kadar insan vicdanında yankı bulamamıştır.

İdeolojik önderleri ve *filozofları* hayat örneği *peygamberlerden* ayıran en önemli farklardan biri de, birincilerin örnek insan olma kaygısı taşımayışlarıdır. Buna Mallarmé Psikozu diyebilirsiniz. Cahiliyye döneminde olduğu gibi Modern Batı'da şairi şaman, şiiri kehanet koltuğuna yeniden oturtmak için çırpınan Fransız şair Mallarmé kendisinin yalnızca düşünmek için yaratıldığını söylüyor ve devam ediyor: "Yapmak mı? Bunu bizim için hizmetçilerimiz becerebilir."

Yine bir başka batılı, Kierkegaerd mıydı onu söyleyen: "Felsefe, hayatın memeleri kurumuş süt anasıdır, eğitir, ama emzirmez." Tüm entellektüalistler hayatlarının rezalet ve sefaletlerini düşüncelerinin şetaret ve şatafatıyla kapatmaya çalışmışlardır, desek haksızlık mı etmiş oluruz? Onun için J. P. Sartre şöyle soruyordu: "Vivre ou raconter: Yaşamalı mı, söylemeli mi?"

Entellektüalizmin çıkmazı budur: Hayatı bırak, teoriye bak... Bu nedenledir ki, dindar, entellektüel olabilir lakin entellektüalist olamaz. İnsanları Din'e çağıran, parlak bir ütopik teoriye değil *mümkin bir hayata* çağırıyor demektir. Çünkü Din, hayattır. Hiçbir ibadet teorik ya da pratik değildir. İlâhî öğreti, inşa etmek istediği insan tipini peygamberlerin şahsında ortaya koymuştur. Peygamberler, insanları sadece soyut bir ilkeler manzumesine değil kendi şahıslarında tecessüm eden somut bir hayata çağırdılar. Onlar inananlara örnek olsun için seçildiler ve yetiştirildiler. Onları örnek edinen insanlardan da kendi dışlarında kalan tüm insanlığa örnek olmaları istendi. Tıpkı Hz. Muhammed ve ümmetine şu ayette biçilen misyon gibi: "İşte böylece sizi dengeli bir ümmet yaptık; insanlığa örnek olasınız, Peygamber de size örnek olsun diye." (2;143)

Kur'an iki peygamberin örneklik misyonuna özel olarak vurgu yapar: Hz. Muhammed ve Hz. İbrahim. (60;4) Peygamberimiz, Hz. İbrahim'in güzel uygulamalarını "sünnet" edinir ve onları kendi şeriatına taşır. Sünnet olmak, tırnak kesmek, etek traşı olmak, sakal bırakmak gibi uygulamalar bunlar arasındadır. Peygamber bu davranışıyla güzelliklerin sürekliliği prensibini getirmiştir. Aynı zamanda, örnekliğin önemine ve kalıcılığına dikkat çeker. Kendisi de, takipçilerine bu türden güzel uygulamalar bırakır. Bu uygulamalardan kimileri insanın iç zenginliğine ve ruh terbiyesine yönelikken, kimileri de hayatı kolaylaştırma ve güzelleştirme amacına matuftur. Nafile/gönüllü olarak yapılan ibadetler, istiğfar, tesbihat, tefekkür birinci türe; diş fırçalama, yemek öncesi ve sonrası el yıkama, güzel koku kullanma gibi uygulamalar da ikinci türe örnektir. Bunlardan ayrı olarak Peygamber'in ekonomi, siyaset, hukuk, insanlararası ilişki, uluslararası ilişki vd. gibi hayatın tüm alanlarında ahlâkî ilkeleri koruyan ve gözeten uygulamaları da onun örneklik misyonu çerçevesinde değerlendirilir. Hz. Peygamber'in örnekliği Kur'- an'da şu ayetle vurgulanır: "Yemin olsun Allah'ın elçisinde sizin için, Allah'ı ve ahireti tercih eden ve Allah'ı sürekli hatırda tutan kimseler için en güzel bir örnek vardır." (33; 21)

Toplumu dönüştürmek için yola çıkan toplumsal önderler, örneklikleri oranında başarılı olabilirler. Çünkü örnek bir hayat, en yaygın terbiye aracıdır. Kur'an, bilgi ile bileni aynileşmeye çağırır. Bu ikisinin birbirinden farklı ve ayrı olmasını "ikiyüzlülük" alameti olarak görür ve sorar: "Niçin söylediklerinizle yaptıklarınız birbirine uymuyor?" Ve ardından ekler: "Yapmadığınız şeyi söylemeniz Allah'a göre çok çirkin bir davranıştır." (61;2-3) Elbette, bu ayetten "kimse kendisinin yaşayamadığı bir güzelliğe başkasını davet etmesin" anlamı çıkarılmamalı. Bir dînî emri yerine getirmek, o emri başkalarına tebliğ etme yükümlülüğü olan iyiliği emretme kötülükten alıkoyma yükümlülüğünü ortadan kaldırmadığı gibi, bir dînî vecibeyi yerine getirememek onu diğer insanlara tebliğ etme sorumluğunu insanın boynundan kaldırmaz. Yapmak bir sorumluluktur, onu tebliğ etmek ayrı bir sorumluluktur. Ne ki, söylediklerini yapmayanların sözünden Allah tesiri alır. Çünkü, insan sözü söyleyebilir, lakin sözün etkisini yaratan Allah'tır. Bu durumda, yaşantısız bir davetcinin uhrevi ecri niyet ve amacına bağlı olarak baki olsa da dünyevi ücreti yani eyleminden olumlu sonuç alması oldukça sınırlıdır.

Modernite, akleden kalbi nasıl parçaladıysa, hayata dönüşen bilgiyi de öyle parçaladı. Hayat bir yerde, bilgi bir yerde; pratik bir yerde, teori bir yerde durdu. İslâm'ın hayata ve insana yönelik bütüncül (tevhidi) bakışaçısını eski kelamcıların imanı tanımlarken getirdikleri ağaç örneği çok güzel ifade eder: "İman kökü bilgi, gövdesi tasdik, dalları ikrar, meyvesi amel olan bir ağaçtır." Bu ağacı parçalarına ayırmak onun fonksiyonunu yitirmesine yol açar.

Hayat en güzel tebliğdir. Hz. Yusuf zındandayken etrafındaki insanları davranışlarıyla nasıl etkilediğini zından arkadaşlarının "Kuşkusuz biz seni iyi biri olarak görüyoruz" (12;36) sözünden anlıyoruz.

Hz. Peygamber, örnek yaşantısıyla peygamberlik öncesi ve sonrasında etrafındaki insanların takdir ve beğenisini toplamıştı. Daveti sırasında kendisinin işini en çok kolaylaştıran da örnek yaşantısı oldu. Onun davetine muhatap olanlar, önceki hayatına dair en ufak söz edemiyorlardı. Ona ilk inananlar, inançlarına delil olarak onun mucizelerini değil onun davranışlarını, örnek yaşantısını gösteriyorlardı. İşte, ilk müslüman Hz. Hatice'nin, o daha kendisine gelenin Allah tarafından gönderilmiş bir melek olup olmadığından emin değilken onu değerlendirmesi:

> "Sen daima kerim ve cömert davranan birisin. İnsanlara iyilik yaparsın. Fakir ve muhtaçların yardımına koşarsın. Elbette Allah seni mahcup ve perişan etmeyecektir." (*Ensab I, h. no. 193*)

Ebu Zerr, çapul ve soygunculukla geçinen bir kabilenin mensubuyken, pişmanlık duyarak kabilesinden ve kötü mesleğinden ayrılmış, münzevi bir hayat yaşamaya başlamıştı. Mekke'de bir peygamberin zuhur ettiğini duyunca haberi araştırmak için kardeşini oraya yolladı. Kardeşi döndüğünde Ebu Zerr'e Rasulullah'ı şöyle tanıtıyordu: "O, doğru sözlü iyi huylu bir insan olarak biliniyor. İyiliği emrediyor ve kötülüğü yasaklıyor."

Mekke müşriklerinin baskısından yılan müslümanlar Habeşistan'a sığınmışlardı. Müşrikler Habeşistan'a bir heyet yollayarak kral Necaşi'den sığınmacıların sınırdışı edilmesini istediler. Müşriklerin bu isteğini daha önceden gönülleri alınan saray çevresi de desteklemekteydi. Fakat kral, Rasulullah'ın amca çocuğu Cafer'in Hz. Peygamber'in örnek yaşantısına ilişkin şu sözlerini dinleyince müşriklerin teklifini şiddetle reddedecektir:

> "Ey Kral! Allah aramızdan birini seçip de onu kendi elçisi olarak gönderene dek biz cahillerdendik. Putlara tapardık, şehvetimize esir olup çirkin günahlar işlerdik. Zayıflara zulmeder, her türlü ahlâksızlığı mübah görürdük. Onun bütün faziletini, dürüstlüğünü, iffetini ta baştanberi görüyor ve biliyorduk. O bize diğer insanlara kötülük yapmaktan çekinmeyi, yalnızca tek olan Allah'a ibadet etmeyi, yoksula yardım etmeyi, oruç tutmayı ve her çeşit güzel ameller işlemeyi öğretti." (*İbn Hişam*)

Hayatın en güzel tebliğ olduğunun, yüreklerin hayatla fethedildiğinin en çarpıcı örneklerini Allah Rasulü'nün ve onun elinde yetişen kutlu neslin yaşamında görüyoruz. İbn Hişam'a göre Yemame'nin iki kralından biri olan Sümame b. Usal'in müslüman olması, örnek yaşantının bir zaferiydi.

Yemame Kralı Sümame, hicretten önce Mekke'yi ziyaret etmişti. Rasulullah her karşılaştığı insanı İslâm'a davet ettiği gibi onu da İslâm'a davet etti. Sümame, dünyevi gücünün kendisine verdiği kibir ve gururla Peygamber'e şöyle cevap verdi:

> "Bir daha bu teklifi yaparsan, seni öldürürüm." (*İbn Hacer, İsabe*)

Daha sonraki bir zamanda aynı isim Rasulullah'ın gönderdiği bir elçiyi öldürmeye kalkmış, amcasının tavassutuyla bundan vazgeçmişti (*İbn Sa'd*). Hernasılsa, bir İslâm müfrezesi Sümame'yi yakalayıp Medine'ye Hz. Peygamber'e getirmişti. İbn Hişam'a göre, onu yakalayıp getirenler onun kim olduğunu bilmiyorlardı. Rasulullah, onun tüm sosyal hayatın merkezinde yer alan mescidin direğine bağlanmasını emretti.

Bu emrin hikmetini kavrayabilmek için mescidin sosyal bir kurum olarak ilk İslâm toplumundaki işlevini hatırlamak gerekiyor. Mescid, şehrin tam anlamıyla kalbidir. Sitenin nabzı orda atar. İslâm toplumundaki tüm sosyal aktivitelerin merkezi mescid ve civarıdır. Devlet başkanı mescidin de imamıdır. Her gün beş vakit namaz, toplumun yöneten ve yönetilenini, amir ve memurunu, işveren ve işçisini bir araya getirmektedir. Cuma hutbeleri, hayatla ilgili her türlü sorunun gündeme getirildiği "tebliğ"lerdir. Rasulullah, civar site devletlerinden gelen yabancı heyetleri mescidde kabul etmektedir. Örneğin elçiler yılı olarak bilinen hicretin 9. yılında Necran site devletinin 63 kişilik heyeti mescidde kabul edilmiş ve ağırlanmış, hatta hıristiyan olan bu heyet mensupları ibadetlerini dahi Peygamber mescidinde eda etmişlerdir. Yine, savaş yardımları mescidde toplanmakta, zekat mescidde toplanıp yoksullara buradan dağıtılmakta, ganimet malları mescidde üleştirilmektedir. Bütün bunların üzerinde mescid her zaman ve her an bir mektep gibi eğitim merkezi olarak kullanılmaktadır.

Sümame b. Usal gibi bir kralın mescide hapsedilme nedeni, mescidin bir hapisane olarak kullanılmasından daha çok, mecburi ikamete tabi tutulan bu konuğun müslümanların örnek hayatlarına şahit olmasının istenmesidir. Rasulullah bu kararıyla ona İslâm'ın insana nasıl bir hayat bahşettiğini, müslüman olmanın bireysel ve toplumsal anlamda mutlu olmak demeye geldiğini göstermek istemişti.

Rasulullah onu görür görmez tanıdı. Görevlilerden ona kaba davranmamalarını istedi. Sümame çok obur biriydi. Öyle ki, bir deveden sağılan bir sağımlık süt dahi ona yetmemişti. Rasulullah da mescide açılan odalarından ona yeyip-içecek birşeyler yolluyordu. Rasulullah ne zaman mescide girse Sümame'nin yanına geliyor, hatırını soruyor, onu İslâm'a davet ediyordu. Sümame ise bu davetlerin tümüne şu karşılığı veriyordu: "Eğer beni öldürecek olursan, katil birini öldürmüş olacaksın. Yok eğer kan diyeti ödememi kabul edersen, ne istersen sana vermeye hazırım." Rasulullah bu sözlere hiç bir cevap vermeden tebessüm ederek uzaklaşıyordu.

Sümame, mecburi ikamete tabi tutulduğu mescidde olan-biten herşeyi gözlemliyordu. Başta Rasulullah'ın hayatına, onun yakınlarıyla olan ilişkilerine, Rasulullah'ın bir lider olarak kendisine bağlı olanlara karşı gösterdiği şefkat ve alakaya, müslümanların Peygamber'e gösterdikleri saygı ve sevgiye şahid oluyordu. Rasulullah'la mü'minler arasında geçen diyaloğları dinliyor, kılınan beş vakit namazı, inananların namazda huşu ve hudu içerisinde kendilerinden geçişlerini hayranlıkla izliyor, mü'minlerin namaz kılarken balarılarının kovan etrafında çıkardıkları uğultuya benzer uğultuları yüreğinde izler bırakıyordu.

Sümame, mescide bağlanalı üç gün olmuştu. Üçüncü gün de Rasulullah'ın davetine aynı cevabı verince, Rasulullah onun kurtuluş akçesi ödemeden serbest bırakılmasını emretti. Bölgenin en zengin krallarından Sümame, hiçbir maddi karşılık istenmeden serbest bırakılmasına şaşırmış bir vaziyette Peygamber Mescidi'nden çıktı, Baki Koruluğu'nda kayboldu. Bir müddet sonra, herkesin şaşkın bakışları arasında, ellerinden ve saçlarından sular damlayarak çıkagelen Sümame mü'minlerin etrafında halkalandığı Rasulullah'a yöneldi ve Allah'a teslim olduğunu bildirdi. Bir insanın dirilmesinin kendisine bütün bir dünyanın teslim edilmesinden daha sevimli olduğunu söyleyen Rasulullah, gözleri parlayarak şöyle dedi:

> "Sümame, şimdiye kadar sen benim gözüme iğrenç görünüyordun, şimdi ise herkesten daha güzel görünüyorsun."

Sümame, imanın hazzını iliklerine dek hissediyordu. Akşam olunca kedisine yemek getirmekle görevli olan hizmetçiler her zamanki öğününü getirmişlerdi. Lakin, daha önce gelen her şeyi silip süpürdüğü halde doymayan Sümame o gün gelen yemekleri geri çevirmişti. Anlaşılan imanın hazzı onu doyurmuştu. Sümame'nin bu durumuna hayretler içinde kalan sahabe olayı Rasulullah'a aktardıklarında Rasulullah şöyle diyecekti: "Hayret etmenize gerek yok; mü'min bir mideyle, kafir ise yedi mideyle yer."

Bir süre sonra Sümame ülkesi Yemame'ye dönmek üzere Medine'den ayrıldı. Yol üzerindeki Mekke'ye de uğrayarak Kâbe'de İslâmî kurallara uygun olarak herkesin gözü önünde namaz kıldı. Bu, Mekke müşriklerine "Ben müslüman oldum" ilanıydı. Müşrikler buna çok içerlediler ve Sümame'yi öldürmeye kalktılar. İçlerinden akıllı olan biri Mekke'nin tahıl ambarı durumunda olan Yemame'den gelecek buğday ve arpaya ne kadar muhtaç olduklarını hatırlatınca Sümame'yi serbest bıraktılar. Ne ki Sümame, müşrikleri korkutan şu resti çekti:

> "-Bundan sonra Rasulullah izin vermedikçe Yemame'den bir tek dane bile alamayacaksınız."

Bu tarihten çok geçmeden Mekke'de kıtlık başgösterdi. Sümame'nin kendilerine uyguladığı ambargoyu kaldırması için müşrikler Rasulullah'a başvurmak zorunda kaldılar.

Rasulullah, civar kabilelerden gelen heyetleri, İslâm'ın güzelliğini görmek için ya mescidde konuk eder, ya da sahabe arasında paylaştırarak evlerde konuk ettirirdi. Taif heyeti, müslümanların örnek yaşantılarına ve ibadet sırasındaki manevi hazlarına vâkıf olsunlar diye Peygamber tarafından mescidin hemen yanıbaşında konuk edilmişlerdi. Yine Bedir Savaşı esirleri, topluca hapsedilmek yerine birer ikişer müslümanların evlerine dağıtılmışlardı. (İbn Hişam) Bununla, esirlerin müslümanların örnek yaşantısına şahid olup etkilenmeleri amaçlanmıştı.

Müslüman Şahsiyet ve Modern Birey

Örnek yokluğu, içinde yaşadığımız çağın en büyük problemidir. İnsanlar, davet ettiğiniz hayat sistemini kendi benliğinde diriltmiş somut örnekler istiyorlar. Bu sistemin tecessüm ettiği örnek aileler, örnek mahalleler, örnek köyler, kasabalar, kentler görmek istiyorlar. Ama bütün bunlar öncelikle örnek insanla başlıyor. Onun adı müslüman şahsiyettir.

Müslüman şahsiyet, modern bireyin zıddıdır. İnsanın Allah'a başkaldırısının tipik bir ürünü olan modernizm önce aklı kutsadı ve onu aşkın olandan kopardı. Oysa "akıl", ait olduğu dilde "bağ" anlamına geliyordu. Arapça'da, hayvan bağına da "ukal" denilirdi. Akıl bir bağdı, aşkınla içkini, din ile dünyayı, dünya ile ahireti, madde ile mânâyı, fizik ile metafiziği, öz ile formu, söz ile ameli, duygu ile düşünceyi, bura ile öteyi birbirine bağlayan bağ. Descartes'in kartezyen felsefesi üzerine bina edilen modernizm işte bu bağı varlık çiftlerinin arasından çekip alıyor ve aracı amaç haline getiriyordu. Bağ olan akıl aradan alınıp kendi başına hakikatin kaynağı ilan edilince dinle dünyanın, siyasetle dinin, sözle amelin, mânâyla maddenin, özle formun ilişkisi koparılıyor eşler (ezvac) parçalanıyor, eşyanın yuvası yıkılıp herşeyin hayranlık verici bir biçimde birbiriyle irtibatlı olduğu bütüncül hayat parçalanarak elementlerine ayrılıyor ve bunun sonucunda da kozmos kaosa dönüşüyordu.

Vahiy Allah'ı sadece göklerin değil, *göklerin ve yerin nu-*

ru olarak tanıtıyordu. Yine vahiy "*O'dur gökte de yerde de ilâh olan*" diyerek gökle yer, lahut ile nasut arasındaki bağı koparmak isteyenlere meydan okuyordu.

Modernite, tanrısız bıraktığı, kutsaldan kopardığı dünyada insanı tanrı ilan etti: Hümanizm. Tanrı ilan edilen insan, tabiatı ve eşyayı bir emanet değil bir "mülk" olarak gördü ve onun üzerinde mutlak tasarruf sahibi olduğu vehmine kapıldı. *Deneysel metot* postülasıyla tüm hakikat gözleme indirgendi. Tüm varlığı sebep sonuç ilişkisi içerisinde algılamak gibi katı bir determinizm modern insanın amentü maddelerinden biri haline getirildi. Mekanik dünya görüşü herşeyi standart, her şeyi otomatik olarak telakki etti ve bu marazi bakışaçısı tüm farklılıklara düşmanlığı, farklı kültür ve inançlara karşı kör bir savaşı meşrulaştırma aracı oldu. Descartes'ın düşünceyi tanrılaştıran ve varlığın tek izahı gibi lanse eden "Düşünüyorum, o halde varım" aforizması, düşünmeyi varolmanın şükrü olmaktan çıkartıp illeti ve amacı haline getirdi ve tabi ki düşünce organı olan aklı da tanrılaştırdı. Batı düşüncesinin temelinde yatan bu muazzam yanılgıyı yüzyıllar sonra Heidegger çıkıp "Varım, o halde düşünüyorum" diyerek düzeltmeye çalışacaktı, lakin iş işten geçmiş olacaktı.

Batı tarihi boyunca hayatındaki rezalet ve sefaleti düşüncesindeki şetaretle örtmeye çalışmıştı. Batının düşüncedeki parlaklığı karşısında gözleri kamaşanlar, hayatındaki ufuneti göremedi. Görenlerse, modern batı düşüncesinin illüzyonu karşısında büyülenmeyecek kadar basiret sahibi insanlardı. Bu insanlar ilk bakışta modern batının imal ettiği modern bireyin kendisine, Allah'a ve eşyaya karşı yabancılaşmış basmakalıp, sıradan, silik ve otomatik bir tip olduğunu farkettiler. İşte bu tiple İslâm'ın öngördüğü insan tipi olan müslüman şahsiyet birbiriyle taban tabana zıt iki ayrı kimlikti.

Batı kültürü dışındaki diğer dünya kültürlerinden hiçbiri, modern çağa karşı sonuna kadar direnebilecek bir "itikadî" dayanağa sahip değildir. Bu itikadî dayanak yalnızca İslâm'da vardır ve yalnız İslâm "küfür" ve "şirk" sözcüklerine her tür sapma anlamını yükleyebilecek donanıma sahiptir. Bu durum İslâm'ın ve müslümanların modernizmle etkileşmesi halinde kendine yabancılaşacak ve başkalaşacak olmasını da tazammun eder. Modern çağın ayartmalarına ve onca şeytani iddiasına karşı eğer İslâm bir toplumu, bir ülkeyi, bir siteyi, hatta bir tek aileyi meydan okuyacak bir özgüvenle donatabilirse, bu modern paradigmanın alternatifsizlik iddiasının yalanlanması ve küresel efsunun bozulması anlamına gelecektir.

İşte bütün bu saydığımız ve sayamadığımız nedenlerden dolayı Uluslararası Sistem, değil bir ülkede, bir şehirde, hatta bir mahallede dahi İslâm'ın hayata hakim kılınmaması için her şeyini seferber ederek, ışığı yatağında boğmaya çalışacaktır. Çünkü İslâm her hangi bir yerde hangi ölçekte olursa olsun yaşanabilirliğini, hayata dönüşebilirliğini bir kez kanıtlayacak olursa, bunun cazibesinin önünde durulamayacağını onlar da bilmektedirler.

İnsanlığın değişmez değerler manzumesi olan İslâm'ın uygulanabilirliği bir kez isbat edildi mi, bunun arkasının geleceği aşikardır. Uluslararası sistem, kendi sonu olacak böyle bir örneğin oluşmaması için bireysel özgürlüklere el atmakta, İslâm'ın ferdi planda yaşanmasının dahi önüne engeller koymaktadır. Sistemin arzusu *yüreğinde imanın iktidar olduğu müslüman şahsiyetlerin yerine yüreğinde imanın mahkûm olduğu* modern bireyler imal etmektir.

Dini ne olursa olsun, modernleşmiş her birey inancı sadece forma indirgemiş bir tipti. Modern birey için din bir *kültür* işiydi, *hayat* değil. İmajla yetinen modern birey için dini bilgi bir ilmi hal, bir hayat bilgisi değil bir "entellektüel malzeme" idi. Müslüman şahsiyetin *dindarlığı* modern bireyde *dinciliğe* dönüşüyordu. Modern bireyin Allah'a güveni yoktu. Dolayısıyla o *rasyonel* iş yapmayı *salih amel* yapmaya tercih ediyordu. Modern birey için kâr, elle tutulup gözle görülebilen somut bir getiriydi. Bu nedenle de "sevabı" pek akılcı bulmuyordu. Peşin geçiciyi veresi kalıcıya tercih etmesi de bu yüzdendi.

Müslüman şahsiyet ise Allah'a güvenen insandı. Onun hayatı "güven" (:iman) üzerine kurulmuştu. O, güveni bir yaşam biçimine dönüştüren insandı. Onun içindir ki, müslüman şahsiyetin hayatı, *eyleme dönüşmüş imanın* ta kendisiydi. Hayatı eyleme dönüşmüş bir iman olan şahsiyetler, insanları dine, İslâm'a, imana, Kur'an'a çağırırken aslında yalnızca ve yalnızca gerçek bir hayata çağırmaktadırlar; hayata, yani felaha, yani selama/mutluluğa ve hakikate.

Yalana çağırmak için bile bilgi gerekirken hakikate çağırmak için gerekmesin mi? İlim, alâmetten gelir, yani ilim *belgesi olan bilgi* demektir. O halde hakikate belgesi olan bir ilimle çağırmak gerekiyordu.

İLİM

Cehalet saadettir, diyor Konfüçyüs. Tabi ki sürüler için. İnsanlar için cehalet felakettir, hem de en büyük felaket. Bir inek kadar mutlu olmak için bir inek kadar cahil olmak gereklidir. İşte o zaman bir tutam ot, bir avuç saman mutluluk sebebi oluverir.

İnsan, kendi varlığını sorgulayan, varlık üzerinde kafa yoran tek yaratıktır. Ahsen-i takvim üzre yaratılmış olması da bu anlama gelse gerek. Yani, terbiye edilmeye en elverişli yaratık. Ve hatta, kapasitesinin sabit bir sınırı olmayan, terbiye yoğunlaştıkça kapasitesi de artan tek yaratık.

Kendisine Rab (:terbiye eden) sıfatını seçen Allah en büyük mürebbidir. Gönderdiği peygamberler ve indirdiği kitaplar O'nun terbiyesinin bir ürünü. O, en büyük terbiyesizliği küfür/şirk olarak adlandırıyor ve bunun da adını "cahiliyye" koyuyor. Bu durumda cehalet, küfür ve şirkle eşanlamlı olarak kullanılmış oluyor. Bu isimlendirme belki müeyyide anlamında değil, ama durum tesbiti anlamında bir isimlendirme olarak anlaşılabilir.

Cehalet, bir bilmezlik durumudur. Cahiliyye ise bu durumun sosyal bir salgın gibi tüm toplumu kaplamasıdır. İslâm, en büyük düşmanına "Ebu Cehil" adını vererek cehaleti yok edilmesi gereken birinci hedef olarak tesbit etmiştir. Bu nedenledir ki İslâm'ın çağrısı karanlıktan aydınlığa bir çağrıdır. Yürek fatihleri de, yürüyen bir güneş gibi vahiy ışığına kapalı yürekleri, bu ışığa açan aydınlık savaşçılarıdır. Karanlığın askerlerine karşı, aydınlık için, aydın bir yürek ve aydın bir kafa için savaşırlar.

Aydınlık savaşçısı yürek fatihlerinin cephanesi ilimdir. Onlar, cahilin ancak cehalete davet edeceğini iyi bilirler. Yürek fatihlerinin piri, en büyük yürek fatihi, "Fettah" adını kendisi için seçen Allah, son Peygamber'e vahyini şu sözcükle başlatıyordu:

"Oku!"

O halde, her yürek fatihi, işe okuyarak başlamalıydı ve tabi ki okutarak başlamalıydı. Çünkü Allah Son Nebi aracılığıyla gönderdiği vahye böyle başlıyor ve Nebi'nin yüreğini de bu emirle açıyordu: "Oku!"

Oku emri, okumanın bütün anlamlarını içeriyordu. Gözle oku, zihinle oku, gönülle oku. Kitabı oku, tabiatı oku, kainatı oku, olayları oku, tarihi oku ve hepsinden öte kendini oku. Okuyarak oku, düşünerek oku, yaşayarak oku, duyarak oku. Ama inanarak ve Allah'ın adıyla oku. Okuyarak bilgiyi, düşünerek hikmeti, yaşayarak tecrübeyi, duyarak irfanı elde etmek mümkündür. Tefekkür bir okuma biçimiydi, zikir bir okuma biçimiydi, tesbih bir okuma biçimiydi; tıpkı kıraat ve tilavet gibi.

Her yürek fatihi üç şeyin bilgisine ulaşmak zorundadır: Yolcunun, yolun ve yordamın.

Yolcu insandır. Yürek fatihi insanı iyi bilmek, doğru okumak zorundadır. İnsan fiili ayetlerle dolu bir Hak kitabıdır ve Allah'ın şaheseridir.

Her yürek fatihi, yeni tanıdığı bir insana Allah'ın kendisine nazil etiği yeni bir kitab gibi bakmalı ve onu tilavet etmeli, şerh etmeli, tefsir etmelidir. Yolcuyu bilmek biraz da kendini bilmekle mümkündür. Çünkü, bu yolda her klavuz da bir yolcudur, yolcusu olan ve yolu bilen yolcu. Allah yolunda klavuzluk yapan biri hiçbir zaman bir turist rehberi gibi davranamaz ve kendisine öylesi bir misyon biçemez.

Bu yolun hiç bir klavuzu profesyonel değildir. En büyük klavuz olan peygamberler, rehber olarak gönderildikleri insanlara: "Ben de sizin gibi bir insanım" demekle emrolundular. Aslında bu "Ben de sizin gibi bir yolcuyum" anlamına geliyordu. Ve hiç istisnasız hepsinin bunun ardından söylemeleri istenilen şey: "Benim ücretim Allah'a aittir", "Sizden bu davetime karşılık herhangi bir ücret istemiyorum" sözüydü. Bu söz de diğerinin anlamını tamamlıyordu: "Ben de sizin gibi bir yolcuyum ve ben de yürüyüşümün karşılığını yolculuğumun sonunda sizin gibi ve sizinle birlikte alacağım."

Allah yolunun en büyük klavuzlarından biri olan Hz. Peygamber, yolun ve yolculuğun tehlikeleri konusunda kendi klavuzluğu için dahi garanti vermemiş ve kendisine: "Ne mutlu sana, sen cennetliksin" diyen Osman b. Maz'un'un karısına şöyle cevap vermiştir:

> "Sen ne diyorsun? Vallahi ben yarın nefsime ne yapılacağını dahi bilmiyorum!"

Sadece yolcuyu bilmek ve tanımak yetmez. Yolcuyu bilmek kadar yolu tanımak da şarttır. Yolu, yani İslâm'ı. Bu da okumayı, karın doyurmak, uyumak, su içmek gibi asli ve hayati bir ihtiyaç olarak görmekle mümkündür. Vahiy almadığınıza göre, okumaksızın bilgi dağarcığınızı neyle ve nasıl dolduracaksınız? Günümüz müslümanının çoğunluğunun sıkıntısı, kendi dini olan İslâm hakkındaki bilgisinin kitâbî değil folklorik bilgi olması yüzündendir. Dinlerini atalarından halk hikâyeleri ve mitolojide olduğu gibi kulaktan dolma yöntemlerle öğrenenler, Allah'ın dini yerine bambaşka bir dine "İslâm" diye inandıklarının bir ömür farkında bile olamıyorlar. Atalardan sözlü gelenekle alınan dinle Allah'ın kitabındaki dini karşılaştırdığınızda bu iki inanç sistemi arasındaki farka bakıp hayretler içerisinde kalıyorsunuz.

Yolu, yolun sahibinden tanımak yerine yola oturup gelen geçenin ayağına çelme takanlardan, yolda metafizik uyuşturucularla keyif çatanlardan, telörgülerle çevirdiği yolu kendisine zından edip volta atanlardan, maratona 100 metre koşucusu gibi hızlı girip 50. metrede yola yatanlardan, yürüyüşün uzun ve yolun zahmetli olduğunu görünce yolculuk üzerine zar atanlardan, yürümeyi bırakıp yol-yolcu ve menzil üzerine kalem oynatanlardan, ayağına batan dikenin faturasını çıkarıp ömür boyu tafra satanlardan, yanlış klavuzlara kızıp yolu satanlardan sorup öğrenenler, yolsuz kalmaya mahkûmdurlar.

Yol en iyi o yolun sahibinden öğrenilir. Bu yola çıkan yolcunun klavuzu Rasulullah, haritası Kur'an, pusulası akıl, sermayesi iman, azığı amel, yakıtı sevgi, karakteri ahlâk, aksesuarı edep, sıfatı merhamet, adı şeref ve izzet, modeli müebbed, parolası sabır ve sebat olmalıdır. Yolda gördüğü her işaret taşına selam vermeli, muhabbet etmeli, lakin gönül vermemelidir.

Kendisine yolu gösteren işaret taşlarına yapacağı en güzel teşekkür doğru yoluna devam etmektir. İşaret taşlarına, uyarı levhalarına minnet ve teşekkür edeceğim diye boynuna sarılıp bir ömür onunla eğlenirse, aracı amaçlaştırmış, dolayısıyla yolculuğa ihanet etmiş olur. Yola sadakat, yolda yapışıp kalmak değil menzile varmaktır. Klavuza sadakat de, onun sırtına ömür boyu oturmak değil, gösterdiği istikamette yola revan olmaktır.

Yol arkadaşı, yol kadar önemlidir. Belki yoldan da önce gelir. Boşuna dememişler:

Evvel refik
Sümme't-tarik

diye. Doğrudur, önce yol arkadaşı sonra yol. Yol ne kadar uzun ve meşakkatli olursa olsun, yol arkadaşınız iyi ise o yolculuk bir zevktir ve çekilir. Yol ne kadar kısa ve kolay olursa olsun eğer yol arkadaşınız kötü ise, o yolculuk bir işkencedir ve çekilmez. Seçeceğiniz yol arkadaşı sadece ekmeği suyu değil, kesinlikle muhabbeti ve acıyı paylaşacağınız biri olmalı.

Yolcuyu tanımak, yolu bilmek yetmez, yordam sahibi olmak gerekir, yani yöntemi bilmek. Onun için eskiler eskimez bir söz söylemişler: "Vusulsüzlük, usulsüzlüktendir." Gerçekten de öyle değil midir; amaca ulaşamamak çoğu kez yöntemi bilmemekten kaynaklanmıyor mu? Belki şunu söylemek bile mümkün: Bir batıl dâvâ sahibi, yöntemle hedefine ulaşır, bir hak dâvâ sahibi yöntemsiz hedefine ulaşamaz. Bunu şöyle formüle etmek de mümkün: Batıl bir sisteme karşı, haklı ama sistemsiz bir mücadele başarıya ulaşamaz.

Modern dünyada sistemin olmamanın yolu sistemli olmaktan geçiyor. Yöntemin önemini anlamamız için fazla söze hacet yok. Sadece modern Batı'nın aydınlanmasının startı sayılan eserin adına bakalım kafi. Descartes'ın *"Discours de la Méthode: Metot Üzerine Konuşmalar"* adlı kitabı. Günümüz Batı Uygarlığı'nı ve Batı Rönesansı'nı felsefe tarihçileri bu eserle başlatırlar ve bu kitabı bir zihniyet devrimi olarak lanse ederler. Bizim için ilgi çekici olan, Batı'nın kendi rönesansını önce *yöntemi* ele alarak başlatmasıdır.

İslâm'daki sünnet ve hikmet kavramları da aslında "yöntem"i ifade eden kavramlar değil midir? Sünnete bir de bu açıdan bakmakta, Kur'an'ın bazı ayetlerinde geçen hikmet sözcüklerini bir de bu anlamıyla düşünmekte hayli yarar olduğuna inanıyorum. Sünnet, Peygamber'in vahyi hayata dönüştürme yöntemine verilen isimdir. Peygamberler İlâhî okulun ebedi talebeleri, insanlığın ise ebedi öğretmenleridir. Allah okulunun bu kutlu öğrencileri, aldıkları eğitimi öğretmeni oldukları insanlara "sünnet" biçiminde aktarıyorlardı. Aslında "sünnet", bu anlamıyla statik ve formel bir öğreti değil, dinamik ve canlı bir yöntemdi; Kitab'ı hayata dönüştürme yöntemi.

Onlar, insanlığın yüreğini İslâm'a açarken, "bilgiye" değil ama "bilgiyle" davet ettiler; bilgiyle hayata davet ettiler. Çünkü, hayata bilgisiz davet edilmezdi ve cehaletle ancak cehalete davet edilebilirdi. Ne ki yürek fethi için yalnızca bilgi pek birşey ifade etmiyordu, eğer o bilgi bir *ahlâka* dönüşmemişse.

AHLÂK

Fransız filozofu Henri Bergson ahlâkî yükümlülüğün iki temel kaynağı olduğunu söyler; birincisi beşeri/toplumsal baskı gücü, ikincisi İlâhî cazibe gücü. Ahlâkî yükümlülüğün kaynağı toplum olursa, toplum baskısının olmadığı mekan, zaman ve durumlarda ahlâk da olmayacak demektir. Toplumsal baskı, ahlâkî yükümlülüğü bir insânî erdem olmaktan çıkarıp zor ve baskı yoluyla uygulanan bir müeyyideye dönüştürecektir. Oysa ki ahlâkî yükümlülük fertlerin hür iradeleri sonucu vicdanın bir emri olmalıydı.

Vicdan, tek başına ahlâkî ilkeler koyamaz. Öyle olsaydı, ahlâkî yükümlülük fertten ferde değişiklik gösterir, birinin ahlâkî saydığını bir diğeri gayrı ahlâkî sayar ve toplumda bir ahlâk anarşisi başgösterirdi. Bu, insan tabiatının onulmaz bir biçimde bozuk olduğu anlamına gelmez elbet. Hatta, denilebilir ki insan, dış duyular ve konuşma yeteneği ile birlikte bir çeşit iç duyu diyebileceğimiz ahlâkî görüş keskinliği (basiret) ile de donatılmıştır. Fakat bu donatım insanı kusursuz ve melek kılmaz. Herşey insanın üstün yeteneklerinin iyi ya da kötü kullanılmasında yatmaktadır; işlenmesi halinde ruhun asilleştiği, terki halinde ruhun karardığı yetenekler...

Ruhu asilleştiren insânî yetenekleri en iyi bilen insanın yaratıcısıdır. Yaratıcının insan ruhuna karşı özel bir ilgisi vardır. "Sana ruhtan soruyorlar. De ki: o Rabbimin emrindendir", "Ben ona ruhumdan üfledim" gibi Kur'anî ifadeler de Allah'ın ruha olan özel ilgisini göstermektedir. Her şeyin bir özü olduğu gibi insanın da bir özü vardır ve bu öz ruhdur, form ise beden. Düzelme de bozulma da özden başlar. Ahlâkî yükümlülüklerin amacı da insanın özünü geliştirerek onu özgürleştirmek (özü-gürleştirmek) ve yüceltmektir. Bunu gerçekleştirecek ilkeleri insanın hemcinsleri yapamaz. İnsana böyle bir hakkı tanımak insanı tanrılaştırmak demeye gelir.

Batı hümanizmi bu anlama geliyordu ve sonuç ortada. Çünkü insanlık için değişmez değerler vaz etme yetkisi sadece Yaratıcıya aittir. Sınırlı, aciz, yetersiz, zaafla dolu bir varlık olan insan, hiç bir hükmünde mutlak objektif davranamaz. Eser müessirinden bağımsız değildir. Sınırlı, aciz, yetersiz ve zaaflı bir varlığın ortaya koyduğu değerler de bu özellikleri taşıyacaktır. Şu halde, anarşiyi önlemek için üstün bir otoriteye başvurmak kaçınılmaz olmaktadır.

O üstün otorite Allah'tır ve insanlığın değişmez değerlerini vahiy yoluyla O belirlemiştir. O'nun belirlediği ilkelere uymayanlar şeytânî ihtiraslarının ve nefsânî arzularının esiri ve kölesi olmaya mahkûmdurlar. Yeryüzünü fesada veren ve insanlığın mutsuzluğuna yol açan da, bu muhteris zavallıların dünyevi gücü ve siyasal iktidarı ellerine geçirip bu iktidar sayesinde insanlara kendi süflî arzu ve bayağı ihtiraslarını dayatmalarıdır.

> "Kendilerine yeryüzünde ahlâkî, sosyal ve siyasal anarşi çıkarmayın denildiği zaman da "biz istikrarı sağlıyoruz" derler." (2; 11)

14 asrı aşkın bir süredir yaşamış ve yaşamaya devam eden milyarlarca insanın hayatını düzenleyen, bağlılarına ilk günkü kadar etkili ve canlı mesajlar verebilen, inananların onu hayata hakim kılmak için göz kırpmadan ölüme gittiği Kur'an'ın ahlâk sisteminden işte tam da sözün burasında bahsetmek gerekiyor.

Kur'an bir davet kitabı, onu insanlara tebliğ eden Rasulullah da bir davetçidir. Kur'an, hayat için, hayatı, hayata, hayatla çağırır. Bir gönül fatihi şu gerçeğin üzerinde ciddi bir biçimde kafa yormak zorundadır: Bir davet kitabı, üzerinden bunca yüzyıl geçmiş olmasına rağmen yüreklerde ve vicdanlarda nasıl bunca yer tutabilir? Asyalı, Afrikalı, Avrupalı, Amerikalı ve tüm dünyalı insanları, siyah, beyaz, sarı demeden her ırktan ve milletten insanı kendisine nasıl cezbedebilir? Bunca acı tecrübeye, pratik sapmaya ve tarihsel enkaza rağmen yüzmilyonlarca insanın gönlünde nasıl taht kurar, onlara umut ve yaşama direnci bahşeder?

Bunun iki cevabı vardır: Birincisi kaynağı İlâhî olan ahlâkî ilkelerin, hiçbir beşerî ideolojinin kendisiyle boy ölçüşemeyeceği kadar zamana dayanıklı olması ve insan vicdanında doğrudan yankı bulması; ikincisi bu İlâhî ilkelerin insan fıtratıyla tam bir mutabakat içerisinde olup hayatta bir karşılığının bulunması.

Birincisi *İlâhî ilkelerin teorik kaynağı Kur'an'a,* ikincisi de bu *ilkelerin pratik yansıması sünnete* işaret eder.

Ahlâkî Davranışın Kitâbî Kaynağı: Kur'an

Kur'an ahlâkın ilkelerini vaz eder, sünnet ise bu ilkelerin Hz. Muhammed'in şahsında hayata nasıl dönüşeceğini gösterir. *Ben,* der Allah Rasulü, *güzel ahlâkı tamamlamak için gönderildim.* Güzel ahlâk benimle başladı, iddiasında değildir. Çünkü İslâm, ilk insandan son insana insanlığın zamanlar ve zeminler üstü değişmez değerler sistemine verilen isimdir. Bu durumda güzel ahlâkın ilkeleri insanlık kervanının uzun yürüyüşü boyunca hep vahiy tarafından vaz olunmuştur. Hz. Muhammed aleyhisselam ise insanlık yürüyüşünün son etabında, ahlâkı da tekamül sınırına taşıma görevini üstlenmiştir. Rasulullah gönderiliş gayesini bu şekilde açıklarken, Kur'an onun insanlar arasından seçiliş illetini de aynı gerekçeye bağlar "Niçin bir başkası değil de Abdullah'ın oğlu Muhammed?" sorusunun sorulması ihtimaline karşı peşinen şu cevabı verir:

> "Çünkü sen muhteşem bir ahlâka sahipsin." (68; 4)

Kur'an, sahabenin en büyük müfessiri İbn Abbas tarafından dört bölümde tasnif edilir: Akaid, ahlâk, ibadat, muamelat. Bunun anlamı din binası bu dört kattan müteşekkildir demektir. Bu binanın temelini inanç esasları teşkil eder. Diğer katlar bu zemin üzerinde yükselir. Çünkü inanç olmadan, ne ibadet olur ne de ahlâk. Bu noktada bir sorun yok.

Şimdilerde asıl sorun diğer katların sıralanmasında yaşanıyor. Dini ibadileştirenler akidenin üzerine ibadetleri koyuyorlar. Dini siyasileştirenler ise muamelatı ikinci kata yerleştiriyorlar. Bunlara göre ahlâk son katta yer alıyor; çekme kat biçiminde, olsa da olur olmasa da kabîlinden...

Oysa Kur'anî gerçek bundan farklıydı. Kur'an insanları İslâm'a çağırırken "Allah'tan başka ilah yok deyin, kurtulun" diyordu. Bu çağrı yapıldığında bir ya da iki vakit namaz dışında henüz hiç bir emir ve yasak yoktu. Aksine, peygamberliğin ilk yılında indirilen Kalem sûresinde -Bazı musanniflere göre bu Kur'an'dan ikinci inen sûredir- yukarda ele aldığımız ve Nebi'nin seçim gerekçesini açıklayan ayet yer alıyordu. Peygamberliğin ilk yıllarında yetimi ezmemek (93;9), dilenciyi azarlamamak (93;10), verdiğini, verilen kimseyi incitecek bir edayla değil kalpleri ürpererek ve "acaba kabul oldu mu?" diye endişe ederek vermek (23;61), boş işlerden, faydasız sözden ve gevezelikten yüzçevirmek (23;3), emanete ve verilen söze riayet etmek (23;8), sözleşmelere riayet etmek (13;20), kötülüğü iyilikle savmak (13;22) gibi ahlâk konusunda onlarca ayet inerken bazı emir ve yasaklarla ilgili ayetler çok daha sonraki yıllarda nazil olmuştu. Örneğin zekat emri peygamberliğin 15. yılında, oruç emri zekatın ardından, hac emri en erken peygamberliğin 19. yılında farz kılınmıştı. İçki, kumar, domuz eti, faiz vd. gibi yasaklar da yine peygamberliğin 16-23. yıllarında peyderpey haram kılınmıştı.

Kur'ânî davet sistemi, Kitab-ı Mukaddes'in üslûbuna uygun olan "Şunu şöyle yap çünkü öyle emredilmiştir" şeklindeki Kantçı yöntemin zıddına, emir ve yasakların neden ve amaçlarını veren ikna yöntemine dayanır. Örneğin orucu emreden ayet bu emrin amacının insanın hayvânî güdülerine karşı korunması olduğuna işaret eder: "Tıpkı sizden öncekilere farz kılındığı gibi oruç size de farz kılındı, umulur ki *korunursunuz.*" Namazı emreden ayet nedenini de söyler: "Çünkü namaz insanı hayvanî güdülerin taşkınlıklarından ve her türlü kötülükten alıkor." (29;45)

Kur'ânî ahlâk doktrini, ücret ve menfaat karşılığı değil hasbîlik, zor ve şiddet değil gönüllülük, nefret ettirici ve tahkir edici bir üslûp değil teşvik edici ve özendirici bir üslup üzerine bina edilmiştir.

Kur'ânî ahlâk öğretisi bir şairin işi değildir. (21;5, 26;224, 36;69, 37;36) Bir kahinin işi değildir. (52;29, 69;42) Bir hayalcinin eseri değildir. (21;5) Bu doktrin bir çılgınlık (7;184), bir şeytânî vesvese (26;210), bir yalan dizme (7;203), bir kişisel arzu ve ihtiras ifadesi (53;3) değildir. Bu öğreti insana doğru yolu gösteren (2;2,5,97 vd.), İlâhî bir ışıktır. (4;174) Bu, en güzel sözdür. (39;23) Bu saf tabiata uygun (30;30), ciddi ve kesin (73;5) bir öğretidir. Güzel bir ahlâkî geleneği sürdürmekte ve doğrulamaktadır. (2;135. 3;95. 4;26 vd.) Bu öğreti adaleti, gerçeği, bedaheti, ilmi, hikmeti, mutlak doğruyu teşkil ve tesis etmektedir. O kalplerin şifasıdır. (10;57) Ruhların yücelmesini sağlar. (2;129,151) Gerçek hayatın ta kendisidir. (6;122, 8;24)

Kur'ânî ahlâk öğretisinde yüceltilen ahlâkî tavır ve davranışlardan bazıları şunlardır:

Allah'a inanmak. (2;177. 6;136)

Allah'a itaat etmek. (24;54)

Allah'ın sözlü, kevnî ayetleri üzerinde derin düşünceye dalmak. (7;185. 30;8. 33;29)

Allah'ı hatırdan çıkarmamak. (33;41)

Allah'ın nimetlerini tanımak. (16;78. 28;73. 43;12,14)

Allah'a, yalnız Allah'a güvenip dayanmak. (9;129. 39;38)

Her vaat ve sözü Allah'ın iradesine bağlı kılmak. (18;23)

Allah'ı sevmek. (2;165. 5;54)

Yalnızca Allah'tan istemek. (1;4)

Yalnızca Allah'a kulluk etmek. (1;4)

En güzel eylemleri yapmak. (11;7. 18;7)

En güzel sözleri söylemek. (17;53)

Samimi olmak. (4;171. 9;119)

İffet ve edebe uygun davranmak. (24;30,31,33 vd.)

Helal kazanç. (2;168,172. 5;4,5)

Cesaret, sabır ve direniş göstermek. (2;177. 18;28)

Alçak gönüllü olmak. (25;63)

Hüküm verirken ihtiyatlı olmak. (4;94. 49;6,12)

En genel anlamda iyiliksever olmak. (16;90)

Ana-babaya güzel muamele. (6;151. 17;23)

Kendi görevleri hakkında aydınlanmak ve başkalarına kendi görevlerini öğretmek kaygısı. (9;122. 16;43 vd.)

Ahlâkî gayret. (90;11-17)

Güzel örneğe uygun yaşamak. (33;21. 46;35. 60;4)

Aşırı uçlardan uzak dengeli hareket etmek. (17;110)

Doğruluk. (42;15)

İyilik ve güzellikte yarışmak. (2;148. 3;114)

Eşlere iyi davranmak. (2;229,231)

Kişinin eşine karşı yükümlülüklerini yerine getirmesi ve istişare etmesi. (2;23. 65;6)

Akrabalara, yakın veya uzak komşulara, garip yolculara, yoksullara, borçlulara en güzel yoldan yardım. (Bir çok ayet)

Fakir ve yetimlere yoklukta destek olmak. (90;14,16)

Hürriyeti kısıtlanmış birinin hürriyetini kazanmasına yardım. (2;177. 16;90)

Cömertlik. (13;22)

Hakşinaslık. (2;282)

Kendi aleyhimize dahi olsa doğru sözlülük. (2;282,283. 65;2)

Emaneti sahibine vermek. (2;283. 4;58)

Yapılan taahhüdlere, verilen söze ve edilen yemine sadık kalmak. (2;177. 5;1. 12;20)

Misafirperverlik, başkalarına sevgi ve şefkat. (59;9)

Hoşgörü. (7;199. 24;22. 25;63,72)

Kötülüğü iyilikle savmak. (13;22. 23;96)

İyiliğe teşvik ve kötülükten alıkoymak. (3;104,110,114. 7;157,199)

Merhamete teşvik etmek. (4;114)

Fazilet üzerinde işbirliği yapmak. (5;2)

Doğru birlikteliklere bağlılık göstermek. (3;103)

Kutsal bağları sağlamlaştırmak. (13;21)

Sevmek ve sevdiğine dua etmek. (61;9. 59;10)..

Tahrife uğramamış nakil ve salim aklın tasvibine mazhar olan davranış biçimleri. (2;228,232-235. 4;5,8,114. 33;32)

Bütün bu davranışların nitelikleri ve ahlâkî gerekçeleri ve hatta sahibine kazandırdığı ahlâkî şeref ve ünvanlar da Kur'an'da ifade edilmiştir. İşte bir kaçı: Davranışın sahibini gerçek iyi yapan "gerçek iyilik" (2;221. 4;19), sahibini hayırlı yapan "hayır ve daha büyük hayır" (2;263. 4;58,59,128 vd.), sahibini erdemli kılan "birr" (2;177. 3;92). İşte davranışların ahlâkî gerekçeleri ve notları: Daha güzel (4;125. 5;50), daha adaletli (2;282. 33;5), daha değerli (29;45), Allah'a karşı sorumluluk bilincinin -takvanın- ölçüsü (2;177. 22;32), insanseverliğin gereği (2;236), Allah'a karşı sorumluluk bilinci taşımanın icabı (2;180,241), zayıflar ve güçsüzlere fedakarlığın gereği (4;75), ister kendimizi onların yerine koyarak ister acı çeken cahil ve yolunu şaşırmış birini görünce özgeçmişimizi hatırlayarak ve isterse bizzat kendimiz İlâhî hoşgörüye sığınarak kendilerine sempati duyduğumuz bahtsızlara karşı şefkatin bir gereği (4;9. 4;94. 24;22)...

Ahlâkî tavır ve davranışlarımızın bir de ruhsal ve iç dünyamız üzerindeki çok olumlu yaptırımları var: Kalpleri temizler ya da daha temiz kılar (2;232. 5;6); ruhu açar ve onun gücünü, direncini artırır (2;232. 9;103. 24;28,30); insan gönlünü daha etkili bir şekilde çarpar ve sarsar (73;6); ruhu/insan psikolojisini takviye eder ya da daha da güçlü kılar (2;265. 4;66); ruha huzur bahşeder (13;28. 39;23); insan zihnindeki kuruntu ve kuşkuyu giderir (2;282); ahlâksızlığı uzaklaştırır (29;45); Allah'a karşı sorumluluk bilinci aşılar ve O'na daha çok yakınlaştırır (2;153, 157,237. 5;8); bilmeden bir haksızlık yapmaktan ve bunun getireceği vicdan azabından korur (49;6) ve tekrar Allah'a bağlar. (25;71).

Kur'anî ahlâk öğretisinde yerilen ve yasaklanan tavır ve davranışlardan belli-başlı olanları da şunlar:

Allah'ı unutmak. (59;19)

Allah'a imanda kusur etmek. (6;136)

Allah'a itaatsizlik etmek. (33;36)

Allah'a herhangi bir şeyi ortak koşmak (şirk). (2;22)

Allah'ın adını nahoş sonuçlara yol açacak şekilde ulu-orta kullanmak. (2;224. 5;89)

Allah'ın koyduğu kutsal bağları koparmak ve bölücülük yapmak. (3;103)

İntihar etmek. (4;29)

Irza tecavüz etmek ya da bu çirkin eyleme yol açan davranışlara sapmak. (4;24,25. 5;5. 17;32. 25;68)

Fuhuş ve metres hayatı yaşamak ya da açık yahut gizli bir ahlâksızlığa sapmak. (6;151. 7;33. 16;90)

Yalan söylemek. (22;30)

Böbürlenmek, şişinmek, öğünmek. (4;49. 53;32)

Bireysel arzu ve isteklerine sınırsızca tabi olmak. (4;235)

Kötüyü ve batılı taklid etmek. (3;156. 8;47)

Başkalarının mallarına göz dikmek. (4;32. 15;88)

Servet yığmak ve parayı aşırı sevmek. (89;19,20)

Kibirli bir biçimde yürümek. (17;37)

Kadının, karşı cinsin duygularını harekete geçirecek şekilde edep ve ahlâk dışı giyinmesi. (24;31,60. 33;33)

Gerek madden gerek manen temiz olmayan bir şeyi kullanmak. (4;2. 74;5)

Hangi sebeple olursa olsun çocuk öldürmek. (6;151. 17;31)

İhtiyar anne-babanın hizmetinden dolayı güçsünmek ve saygısızlık yapmak. (17;23)

Eşlerin birbirine kötü davranması, karşılıklı hak ve sorumlulukları ihlal ve ihmal etmesi. (2;229,231-233. 4;19)

Adaleti sağlamanın dışında, Allah'ın dokunulmaz kıldığı insan kanını akıtmak. (6;151. 17;33. 25;68)

Yeryüzünde akidevi, sosyal, politik anarşi çıkarmak. (2;11. 7;56)

Düşmana karşı dahi aşırı gitmek ve saldırganlaşmak. (5;2. 7;33. 16;90)

Sahibinin rızası olmaksızın başkalarının mallarına el koymak ve kullanmak. (2;188. 4;29)

Yetimlerin mallarına, kötü niyetli olarak el koymak. (4;6. 6;152. 17;34)

Öksüz çocuklara karşı kötü muamele. (107;2)

Öksüze karşı şiddet kullanmak. (93;9)

Yoksulu ihmal etmek. (89;18)

Kendisinden bir şey isteyeni azarlamak. (93;10)

Muhtaca vermek üzere en kötüsünü seçmek. (2;267)

Menfaat gözeterek bağışta bulunmak. (74;6)

Yaptığı iyiliği başkalarının görmesini arzu etmek. (49;17)

Yalan yere şahitlik yapmak. (25;72)

Kendisine duyulan güveni kötüye kullanmak. (8;27)

Başkalarının yanına izinsiz ve selamsız girmek. (24;27,28,58,59)

Bir toplantıdan yöneticiden izin almadan ayrılmak. (24;62)

İftirada bulunmak. (49;12)

Karşıt cinslerin gizliliklerini araştırmak. (49;12)

İnsanları karalamak ve alay etmek. (49;11)

İnsanlara, hoşlanmayacakları lakaplar takmak, ya da onları onların sevmediği bir adla tanımlamak. (49;11)

Bir haksızlığa katkıda bulunmak. (5;2)

Bütün bu kötülüklerin yasaklanması ve yerilmesi sebepsiz değildir. Çünkü bunlar daha başka ve daha köklü kötülüklerin hem nedeni hem de aracı olmaktadır. Bu davranışların insan ahlâkında yaptığı derin tahribatın sonuçları çok daha vahim ve ürkütücüdür. Örneğin bunları yapan insan yolunu şaşırır (1;7. 2;16,108,175 vd.), umursamazlık illetine tutulur (7;179), karanlıkların içinde yürür (2;17. 6;39,122), sapar ve doğru yoldan uzaklaşır (4;27,135. 23;74), kötü yola düşer (4;22. 17;32), değerleri alabora olur/eder (9;37. 17;104. 35;8), yüzüstü illet içerisinde sürünür (67;22), sanki uçurumdan yuvarlanır gibi madden ve manen düşer (22;31), cahilce arzularının esiri olur (6;119. 7;176), ihtiraslarına tapınır (25;43,.45;23), bu talihsiz bir alışveriştir (2;90,102. 3;187), kötü bir ünvanı olur (49;11), zalimleri taklit eder (4;140. 5;51), çok çirkin ve iğrenç bir hal alır (49;12), kör, sağır ve dilsiz gibi duygusuzlaşır (2;17,18,171. 6;50,104), beyinsiz ve aklını kötüye kullanan biri olur (2;44,171).

Kötü davranışlar sergileyenler cahildirler (2;102,103), eksik ve yüzeysel bilgi sahibidirler (53;30. 30;7), aslını bilmediği bir şeyi reddetmektedir (10;39. 27;84), bilgisiz ve karanlıkta tartışmaktadır (3;66. 22;3,8), doğruluğu, kesin belgesi ve tecrübesi olmadığı halde birini ya da bir tezi savunmaktadır (2;80,169. 3;151. 7;33).

Bunların yaptıkları kötü yargıdır (6;136), çürütülmüş delildir (42;16), temelsiz ve dayanaksızdır (5;68. 9;109), cahil ve sapık ataları taklittir (2;170. 3;154), basit zanlara uymaktır

(2;78), sahteliktir (8;8), gerçekdışılıktır (10;66. 29;42), yalan dizmedir (3;75,78), şeytan amelidir (5;90), sapıklıktır (2;256), hafif meşreplik, akılsızlık ve deliliktir (2;13,130. 4;140), tecavüz ve haddini bilmemektir (4;171. 5;77), hayasızlıktır (2;169, 268. 4;22. 7;28), nankörlüktür (9;67. 24;21. 58;2), özgüveni yokedici çirkin bir eylemdir (4;22. 40;10), deformasyon, karmaşa ve kokuşmadır (2;282. 3;82. 5;3,59,81), insanın kendisine karşı zulmüdür (2;231. 4;97), münasebetsizliktir (2;217. 17;40), büyük günahtır (2;188. 4;2,20,48,50), insanın bizzat kendisine ihanetidir (2;187), kâlp kirlenmesidir (4;41), ahlâkî bir murdarlıktır (5;90. 9;28,95,125), ahlâksızlıktır (20;115), kuşkuculuktur (9;45,110), fırsatçılıktır (4;72,73), menfaatperestliktir (24;48), katı kalpliliktir (2;74. 6;43), haksız gururdur (25;21. 40;56), sahte ilgi, yapmacık hayranlıktır (26;225), eylemin yalanladığı sözdür (26;226), dünyevileşme, dünyaya bağlılıktır (7;176), Allah'tan uzaklaşmadır (5;91).

Bütün bunlar ruhun kararıp kendi karanlığı içerisinde kaybolmasına (83;14), kâlbin hastalanıp kötürüm olmasına (2;10. 5;52. 9;125) ve daha da kötüsü zihnin ölümüne (6;122. 27;80. 30;52) neden olmaktadır. Bütün bu süreç kişiyi dönüşü olmayan bir sapmaya (2;18) götürerek, sonunda sahibini mevcut yaratıkların en alçağı ve en zararlısı durumuna düşürmektedir. (8;22,55. 95;6. 98;6).

Kur'ânî ahlâk doktrininin kendisinde mükemmel bir biçimde somutlaştığı zat Peygamberimiz'dir. Bu nedenledir ki, Hz. Aişe "Bize onun ahlâkından söz et" diyen kimselere şöyle cevap vermiştir:

> "Siz Kur'an okumuyor musunuz? Onun ahlâkı Kur'an'dı."

Bu mükemmel tesbitten yola çıkarak diyebiliriz ki, Kur'an'ı insana dönüştürün Hz. Muhammed olsun; hz. Muhammed'i kitaba dönüştürün Kur'an olsun.

Ahlâkın Kur'an olması, bir nesne olarak Kur'an'ın kendisiyle kaim bir olay değildir. Kur'an yokken de ahlâkı Kur'an olan peygamberler gelip geçti. Burada asıl vurgulanan şey insanın kendi selim tabiatına, bozulmamış fıtratına dönmesidir. Allah Rasulü'nün "Muhammedu'r-Rasulullah" olmadan önce "Muhammedu'l-Emin" olması, ahlâkının selim fıtratına uygun olması nedeniyle idi. Daha peygamber değilken Hz. Hatice'nin yüreğini bu ahlâkla fethetti.

Fıtratın kaynağı ile vahyin kaynağı aynıdır. Onun için fıtrata dönmek Kur'an'a dönmek, Kur'an'a dönmek de fıtrata dönmek anlamını taşır. Kitab'ın tahrifi hangi sonuçları verecekse fıtratın tahrifi de aynı sonuçları verir. Aslolan değerleri tahriften, bozulmadan, deformasyondan korumaktır.

Ahlâkî Davranışın İnsânî Kaynağı: Peygamber

Ahlâkın tek merkezden neş'et eden iki kaynağı vardır. Birincisi *ahlâk bilgisinin* kitâbî kaynağı olan Kur'an, ikincisi ise *ahlâkî davranışın* insânî kaynağı olan sünnet. Sünnet, bir pratiğe verilen isimdir ve anlamı "Peyamber'in İlâhî misyonundan kaynaklanan dînî pratiği" demektir. Onun davranışları, hepten özel misyonundan bağımsız değerlendirilmemelidir. Buna en güzel delil şu ayettir:

> "Allah'ın yardımı sayesinde sen onlara yumuşak davrandın. Eğer kaba, katı yürekli davranmış olsaydın çevrenden dağılır giderlerdi. Öyleyse onları bağışla, onlar için Allah'tan af dile ve iş hakkında da onlarla istişareyi sürdür. Bir zaman da olur bir işe kesin karar verirsen, artık Allah'a dayan, çünkü Allah kendine dayananları sever." (3;159)

İslâm'ın ahlâk öğretisi tarih boyunca her toplumdan ahlâklı insanları kendisine cezbetmiştir. İlk müslüman olanların ahlâk karnesine bakıldığında, bu insanların İslâm'ın getirdiği ahlâk sistemine uyum sağlamakta neden zorlanmadıklarını anlamak kolaylaşır. Eşyanın değişmez kuralıdır: Temiz temizi, pis de pisi cezbeder. Bir toplum içerisinde temiz ruhlu, arı vicdanlı, duru zihinli, pak yürekli insanlar tarih boyunca İslâm'ın çağrısına ilk koşan insanlar olmuştur. Bu yapısıyla İslâm, başka hiç bir öğretinin çözemediği toplumsal ahlâk problemlerini çözebileceğini tarihin her döneminde isbat etmiştir. İslâm'ın bu meziyetini bilen bir Batılı, Canon Taylor, Afrika'da hıristiyanların yürüttüğü içki ve uyuşturucu ticaretine karşı en etkili silahın İslâm olduğunu söyleyerek dindaşlarına Afrika'nın bütünüyle İslâm'a bırakılmasını teklif etmektedir. (*İzzeti 171*) Bir Batılı düşünür açıkyüreklilikle şu itirafı yapabilmektedir: Batı, sorunlarını çözmek istiyorsa er ya da geç makul bir İslâm'ı kabul etmek zorundadır.

Tabi İslâm'ın ahlâk öğretisi erdem arayan insanları cezbettiği kadar ahlâkî zaafı olanları kendisinden kaçırmıştır. Saadet Asrı'nda, Mahzumoğulları kabilesinden Vabis isimli biri ayyaş olduğu için cezalandırılmış, irtidat etmiş, Bizans'a göçüp hıristiyan olmuştu. Cebele b. Eyhem müslüman bir prensti. İslâm adaleti eteğine habersizce basan bir yoksulu sopasıyla dövdüğü için cezalandırılmasına hükmetti. Prens Cebele, kendisine ayrıcalık tanımadığı gerekçesiyle İslâm'ı terkedip hıristiyan oldu. Buna benzer olaylar içinde yaşadığımız yüzyılda da yaşandı. Bu yüzyılın başında, Rusya da kitlesel İslâmlaşmalar olurken Çar ailesine mensup insanlara da İslâm tebliğ edildi. Rus Çarı Vladimir, sırf içkiye olan tutkusunu gerekçe göstererek müslüman olmayı reddetmişti.

Gönül fatihleri, İslâm'ı insanla buluştururken nereden başlayacaklarını iyi hesap etmek durumundadırlar. Bu bölümde, kimi emir ve yasakların peygamberliğin hangi yılında vaz edildiğini dile getirirken, aslında Allah'ın davet üslûbuna dikkat çekmek istemiştik. Kur'ânî davet üslûbunun temel ilkelerinden biri "davette aşamalılık" anlamına gelen *tedricilik*tir. İslâm'daki hemen tüm emir ve yasaklar birden bire değil zamana yayarak ve uzun süreçler içerisinde son şeklini almıştır.

İçki yasağı yıllar alan uzun bir süreçte 4 aşamada gerçekleşmiştir. Faiz yasağı 8 yıllık bir süreçte gerçekleşmiştir. Faizle ilgili ilk ayet Uhud Savaşı sırasında indiği halde, her tür faizin kesin olarak yasaklanması Veda Hutbesi'nde gerçekleşmiştir. Namaz emri peygamberliğin ilk yıllarında önce bir, sonra iki vakit iken sonradan beş vakit olarak farz kılınmıştır. Yine namazın son şeklini alması da bir süreç içerisinde gerçekleşmiş. Örneğin Mekke döneminde namazda konuşma yasağı yokken bu yasak Medine'de (ya da Mekke'nin son yılında) konulmuştur. Oruç ibadeti de tedricen son şeklini almıştır. Önce sırf 10 günlük âşûrâ orucu farz iken sonradan ayetle bir aylık Ramazan orucu farz kılınmıştır.

Burada çok ince ve hassas bir nokta var. O da, Kur'ânî davetin temel ilkelerinden olan tedricilik/aşamalılık ilkesinin bugün uygulanıp uygulanamayacağı problemi. Eğer bu mümkünse bunun sınırlarının nerde başlayıp bittiği.

Tedricilik şeriatın üç ana maksadından biridir. Dolayısıyla bugün de geçerlidir. Ancak, bu ferdi olarak uygulanamaz demek, suiistimalleri önlemek açısından yanlış bir yaklaşım değildir. Tedricilik ilkesi, toplumsal terbiyede, toplumun yönetimini üstlenen meşru bir yönetim eliyle toplumsal ıslah planı çerçevesinde uygulanabilir. Buna tarihte yaşanmış bir örnek verelim: Bir yerde kitlesel İslâmlaşma vardır. Yeni müslüman olan bu insanlar namazla mükelleftirler. Lakin bunlara Kur'an'dan Fatiha'yı ya da her hangi bir sûreyi asli diliyle hemen öğretmek zaman alacaktır. Bu durumda bu insanlar o sûreyi asli diliyle öğreninceye kadar kendi ana dilleriyle okuyup namaz kılabilirler. Zaten İmam Ebu Hanife'nin de, Hz. Selman Farisi'nin yeni müslüman olan İranlılar'a Rasulullah'tan izin alarak Fatiha'yı Farsça'ya çevirip yolamasını delil göstererek (Bu hadisin daha ayrıntılı nüshası için *el-Hidaye* haşiyesi *en-Nihaye*'ye bkz. I, 86, I. haşiye) buna cevaz verdiği Serahsi tarafından *Mebsut*'ta zikredilmektedir. (I, 37)

Bendenizin kanaatine göre İmam Ebu Hanife'nin bu içtihadı, daimi bir durum olarak değil arızî bir duruma geçici çözüm olarak anlaşılmalıdır. Çünkü İmam'ın bu içtihadı Emevi dönemine rastlamaktaydı ve Emeviler cizye gelirlerinin azalacağı endişesiyle İslâmlaşmaları özendirmek yerine caydıran bir politika izliyorlardı. Emeviler yeni müslüman olacaklar için uyulması çok zor birtakım şartlar getirmişlerdi. Kitlesel ihtidaların önünü kesmek ve cizye gelirlerinin düşmesini önlemek için bu şartların gerçekleşmemesini gerekçe göstererek müslümanlığını ilan eden İranlılar'ı müslüman saymayıp cizye vermeye zorluyorlardı. Hatta bu zulüm Buhara'da öyle bir noktaya varmıştı ki, Emevi'lerin bu zulmünü protesto için Buhara Camii'ne toplanan yeni müslüman olmuş 400 kişi Emevi valisi eliyle yakılacak, zavallılar "Vâ Muhammedâ!" çığlıklarıyla boğulup öleceklerdir. Bizce İmam Azam'ın sözkonusu içtihadı bu zalim uygulamayı durdurmak amacına matuftu.

Olması muhtemel şöyle bir örnek de gündeme gelebilir. Bir ülkede İslâmî hükümler şu ya da bu şekilde uygulanmaya başlandığında o ülkede yerleşik bankacılık sistemini İslâm kendi ilkelerine göre nasıl ıslah edecektir? Yine fuhuşun devlet eliyle işlendiği ve onbinlerce vesikalı fahişenin bulunduğu bir ülkede İslâm'ın siyasal hakimiyetinin gerçekleştiğini düşünelim. İslâm bu sosyal hastalığı nasıl rehabilite edecektir?

Bütün bu ve buna benzer problemler, zamanlar ve mekanlar üstü Kur'ânî davetin temel ilkesi ve şeriatların maksatlarından biri olan *tedricilik yöntemi*yle çözülecektir.

SÖZ

"Güzel söz, kökü yerde dalları gökte olan güzel bir ağaç gibidir. O ağaç, Rabbinin izniyle her zaman yemişini verir. Allah öğüt alsınlar diye insanlara böyle misaller verir. Kötü söz de, köksüz, yerinden sökülüp ordan oraya savrulan dikenli bir çalıya benzer." (14;24-26)

Kur'an varlık aleminin "ol" sözüyle başladığını haber verir. Önce söz vardı, diye başlar Yuhanna İncili. Zebur, baştan sona şiirsel bir münacaattır. Kutsal kitapların sözün gücüne vurgu yapan bu yaklaşımları dünya edebiyatı tarafından da benimsenir. Ünlü Ezop masallarında insanın en iyi ve en kötü iki organına vurgu yapılır: Dil ve kalp. Anadolu'da "iki söz bir büyü", "iyi söz yılanı deliğinden çıkarır", "dilim dilim, başıma geçirdi kilim" gibi özlü sözler halkın diline pelesenk olmuştur. Sözün gücünü vurgulayan şu unutulmaz dizeler Yunus'a aittir:

Söz ola kese savaşı
Söz ola kestire başı
Söz ola ağulu aşı
Bal ile yağ ede bir söz

Firavun onca küfrüne ve isyanına rağmen saltanatını sürdürüp giderken, dünyevi helakine bir söz sebep olmuştur: "(Firavun) adamlarını topladı ve bağırdı; "Ben sizin en yüce Rabbinizim" dedi. Bunun üzerine Allah da onu, ibret-i alem olacak ahiret ve dünya azabıyla yakaladı." (79;23-25)

Elfaz (sözler) önemlidir. Yukardaki ayette görüldüğü gibi kimi zaman Allah'ın gazabını küfür ameller ve duygular harekete geçirmezken tek bir cümle harekete geçirmektedir. İslâm kelamcıları bu yüzden olsa gerek "ef'âli küfür" (küfür eylemler) ve "efkârı küfür" (küfür düşünceler) hakkında söz etmezken, yazdıkları "akaid" kitaplarında "elfaz-ı küfrü" (küfür sözler) birer birer saymaya kalkışmışlar, kimi zaman bu teşebbülerinde ölçüyü kaçıracak kadar ileri gittikleri de olmuştur.

Konuşmak insanın ayırıcı vasıflarından biridir. Allah, zatına ait olan kelam sıfatından bir cüz bahşetmiştir insana ve yalnızca insanla söz aracılığıyla konuşmuştur. Kur'an en genel anlamıyla bir sözdür ve adına *Kelamullah* tabir edilir.

Başta Kur'an olmak üzere tüm semavî kitaplar söz sanatının indirildikleri dildeki zirvesidirler. Kur'an, zirvelerin de zirvesidir. Çünkü indirildiği toplum şiirin büyü, şairin şaman, sözün sultan olduğu bir toplumdu. Ve Kur'an, kendisinin bir şiir olmadığını, kerim bir elçinin sözü (69;40. 81;19) (Allah'ın sözü değil Allah'tan bir söz) olduğunu vurgularken zımnen kendisinin söz sanatlarının zirvesi olan şiiri çok çok aşan bir sanat gücüne sahip olduğunu da vurgulamış oluyordu.

İslâm'ı insana taşıma işine verilen "tebliğ" ismiyle söz söyleme sanatına verilen "belagat" aynı kökten geliyordu; tıpkı imanın aksesuarı olan "edeple", dilimizde söz sanatlarının tümünün ortak adı olan "edebiyatın" aynı kökten geldiği gibi. Allah, indirdiği vahiyle peygamberlerine söz söyleme sanatını da öğretiyordu. Bu meyanda Peygamber'in şahsında tüm gönül fatihlerine etkili söz söyleme sanatının ilkeleri diyebileceğimiz kimi İlâhî tavsiyeler yapılıyordu.

Kur'ân'a Göre Söz Söyleme Sanatı

1- "Ve kûlû kavlen sedîda: Hakkı ve doğruyu söyleyin" (33;70) Hakkın zıddı batıl, doğrunun zıddı yalandır. Her hak söz aynı zamanda doğru ve her doğru da haktır; tıpkı her batılın yalan ve her yalanın da batıl olduğu gibi. İnsan, nerede olursa olsun hakkı haykırmak, doğruyu söylemek zorundadır. Bu mü'min olmanın şiarıdır. Mü'min, emin/güvenilir olan kimse demektir. Hakkı haykırmanın bir bedeli vardır. Tarih boyunca hakkı haykıran ve doğruyu dile getiren tüm peygamberler ve onların varisleri bu bedeli horlanma, hakarete uğrama, alaya alınma, işkence görme, sürülme, hapse atılma ve öldürülme biçiminde ödemişler ve bugün de ödemeye devam etmektedirler. Değil hakkı, batılı söylemenin dahi bir bedeli varken; hakkı haykırmanın bir bedeli olmasın mı? Söylediğiniz hakikat ne kadar büyük ve önemliyse ödeyeceğiniz bedel de o oranda büyük olacaktır. Tarih boyunca tüm zalim yöneticilerin gazabını, kendilerine hakkı ve doğruyu söyleyenler celbetmiştir. Bu gerçeği Hz. Peygamber şöyle dile getirir: "Cihadın en erdemlisi, zalim yöneticiye hakkı haykırmaktır." (*Ebu Davud, Tirmizi, Neseî, İbn Mace vd.*)

2- "Ve kûlû gavlen ma'rûfa: Münasip bir biçimde konuşunuz." (4;5,8) Sözkonusu ayetteki ma'ruf sözcüğünü "münasip" biçiminde çevirdik. Münasip olan da buydu. Bu cümle ayette karı-koca ilişkileri bağlamında yer almaktadır. İster karı-koca ilişkileri ister diğer tüm insâni ilişkilerde, konuşma stili, argümanlar ve sözcükler olaydan olaya, yerden yere ve zamandan zamana değişiklik arzedebilirler ve arzetmelidirler de. Aslolan amaca ulaşmaktır. Hakikat tek lakin bir hakikati anlatmanın yolu ve yordamı tek değildir. Bazı cahillerin hadis diye naklettiği lakin hadis olmayan "İnsanlara akıllarının alacağı şekilde konuşunuz" sözü aslında bir gerçeğin ifadesidir. Sadece söylediğinizin doğru olması yetmez. Eğer sözünüzün hedefini bulmasını istiyorsanız doğruyu, doğru bir zaman ve zeminde, doğru bir üslupla söylemek zorundasınız. İşte ayette "ma'ruf" olarak geçen ve bizim "münasip" diye çevirdiğimiz şey de budur.

3- "Ve kul lehum fi enfusihim kavlen belîga: Ve onlara kendi konumları hakkında detaylıca konuş." (4;63) Ayetteki "fi enfusihim" ifadesi, söylenecek sözün özbenliklerine etki edebilecek söz olmasını da telmih etmektedir. Öyledir, söz söyleyenin neresinden çıkarsa dinleyenin de orasına varır. Dudaktan çıkan sözün varacağı yer kulak kepçesidir; yürekten çıkan sözün varıp duracağı yerse muhatabın yüreği olacaktır. Ayetin esas vurguladığı şey davete muhatap olan insanın ilgisini yine insana, yani kendi gerçeğine çekmektir. Kendi gerçeğini görmeyen biri kendisiyle değil hep "başkalarıyla", hep "onlarla" ilgilenecektir. Kendisini sürekli ilgi odağından uzak tutan kimseler verilen hiçbir nasihatı üzerlerine almazlar, hiçbir davetin muhatabı yerine kendilerini koymazlar. Dolayısıyla onlar öğüt almaz, söz dinlemez ve hallerini düzeltemezler. İşte onlar kör, sağır ve dilsiz biri gibidirler.

4- "Fekûlâ lehu kavlen leyyinen: Ona yumuşak bir üslupla söyleyin" (20;44) Bu İlâhî uyarı Firavun'u uyarmakla görevlendirilen Hz. Musa ve Harun'a yapılıyordu. Aslolan İslâm'ı insana taşımaksa, bu uğurda meşru olan her yöntem denenmeliydi. Bunların başında da tatlı dil ve güler yüz geliyordu. Hz. Musa ve Harun'a bu İlâhî talimat verildiğinde Firavun henüz davete muhatap olmamış bir "cahil" idi. İçinde bulunduğu küfür bir "küfr-i inâdî" değil, bir "küfr-i cehlî" idi. Onun davet karşısındaki tavrı netleşip küfründe direndikçe sözkonusu peygamberlerin ona karşı takındıkları üslup da doğal olarak değişmişti. Günümüzde müslüman kardeşine bir doğruyu ileten, hatada gördüğü bir kardeşini uyaran kimi müslümanların takındığı üslup, Firavun'a dahi takınılmayacak kadar nefret ettirici ve gaddarca olabilmektedir. Ünlüdür, Abbasi halifesi Harun Reşid'in kendisini çok uygunsuz bir üslupla uyaran bir nasihatçıya Tâhâ sûresinin yukarda geçen ayetlerini kastederek şöyle dediği rivayet edilir: "Yavaş ol! Allah senden daha hayırlısını (Hz. Musa ve Harun) benden daha şerlisine (firavun) gönderirken yumuşak konuşmasını emretti."

Kur'an'ın üslûbu, bir gönül fatihi için bulunmaz bir hazinedir. Kur'ânî davet üslûbundan çıkaracağımız bir çok ilke vardır. Biz burada bunlardan sadece birkaçına işaret etmekle yetineceğiz:

a- Kur'ânî davet üslûbunda muhatabın dikkatini dağıtacak yersiz ayrıntılara girilmez. Söylenmek istenilen hakikat doğrudan ve mümkün olan en az kelimeyle (icaz) muhataba aktarılır. Örneğin, ayette dikkat çekilmek istenen şey eylemin kendisiyse, cümle genellikle fiil cümlesi olarak kurulur. Eğer, o eylemde failin bilinmesi gerekliyse fail açıkça vurgulanır. Değilse fiil meçhul fiil olarak failsiz kullanılır. Eğer sözün amacı eyleme değil de özneye vurgu yapmaksa cümle genellikle isim cümlesi olarak gelir.

b- Kur'an, muhatabının dikkatini dağıtmamak için genellikle somut isimler, tarihler ve mekanlar üzerinde durmaz. Kur'an'da müşahhas olarak indiği dönemin mü'minlerinden yalnızca Hz. Zeyd b. Sabit'in adı, kafirlerden ise yalnızca Peygamber'in amcası Ebu Leheb'in adı geçer. Bunun dışında Kur'an hep isme değil eyleme vurgu yapar. Hatta tarihi kıssalarda kullanılan nemrut firavun gibi isimler dahi özel isim değil "sultan, kral, başkan, han, hakan" vs. gibi cins isimlerdir. Çünkü isimler ayırır, ihtilafı çoğaltır ve dikkatleri dağıtır. Tarihsel mekanlar, insanlar ve zamanları öne çıkarmak dikkatleri dağıtırdı ki, çağlarüstü bir mesaj olan Kur'an buna meydan vermemiştir. Örneğin "Allah'a karşı yalan uydurandan veya kendisine birşey vahyedilmemişken "bana da vahyolunuyor" diyenden daha zalim kim olabilir?" (6;93) ayetinde isim verilmeden, yapılan işin çirkinliği vurgulanıyor. Eğer isim verilse bu uyarı tüm zamanlar ve mekanlarda geçerli bir uyarı olmak yerine, sadece bir kişiyle sınırlı olarak kalacak. Oysa ki bu üslup, tüm zamanlarda ve mekanlarda bu işi yapan her insanı doğrudan muhatap alan bir üsluptur." Yine "şehrin en uzağından koşa koşa gelip halkı elçilere uymaya çağıran" (36;20) adamın ismini de, o şehrin ismini de vermez. Sadece biz tarihi bir malumat olarak o şehrin Antakya, şahsın da Habib Neccar olduğunu iddia edebiliriz. Bu iddia bir zandır. Reddedilse de Kur'an'ın aktardığı olayın vermek istediği mesajı zerre kadar etkilemez.

Ender durumlar dışında Kur'an rakam da vermez. Örneğin cehennem kapıcılarının sayısı konusunda "üzerinde 19 vardır" ayetiyle rakam verir (74;30) ve ardından şöyle ilginç bir uyarıda bulunur: "Biz onların sayısını bir fitne kıldık". Bu fitnenin nasıl bir fitne olduğunu da 19'culuk akımıyla hepimiz bir kez daha öğrenmiş oluruz.

c- Kur'an nefy ve isbat yöntemini çok kullanır. Nefy kötüyü, batılı ve yalanı boşa çıkarma; isbat ise iyiyi, hakkı ve doğruyu onun yerine getirme işlemidir. Bunun en güzel örneği kelime-i tevhiddir. Kur'an'da "la ilahe illa hu" formunda geçer. "La ilahe: hiç bir ilah yoktur" nefydir ve enkazı temizler, "illallah: yalnızca Allah vardır" isbattır ve yanlışın enkazının yerine doğruyu bina eder. Bu Kur'ânî üslup, bir fikri muhataba aktarmanın en güzel ve en tutarlı yöntemidir. Önce yanlışın yanlışlığını tesbit edip onu gasbettiği doğrunun makamından indirmek; sonra da oraya zaten oranın hakiki sahibi olan doğruyu çıkarmak.

d- Kur'an bir hakikati muhatabına aktarırken onu üç zamana birden götürür: Hal, mazi ve istikbal. Hal, muhatap için şimdi ve buradayı temsil eder. Bazen bu zaman, derinliğine, muhatabın ta yüreğini hedef alacak bir biçimde kullanılır. Hal, muhatabın içinde bulunduğu duygu, düşünce ve eylem ortamıdır. Bunu kimi zaman bireysel, kimi zaman toplumsal boyutuyla gündeme getirir. Mazi, bireysel ve fiziksel mazi değil sosyal ve ruhsal mazidir. Kur'an muhatabını maziye götürürken kimi zaman insanlık kervanının uzun yürüyüşü sırasında gerçekleşmiş olaylara vurgu yapar, kimi zaman da ruhun mazisine insanı sürükleyip götürür. İstikbalden kasıt elbette gerçekte istikbal bile denilmesi yanlış olan dünyevi gelecek değildir. Kur'an muhatabına "ebedi istikbal" duygusu aşılamaya çalışır. Medeni hal ya da beşeri münasebetle ilgili bir ayetin birden bire halden istikbale geçip ahireti hatırlatması Kur'an'da çok sık rastlanılan bir özelliktir. Bu şekilde insan, duygu ve düşünce dünyasında üç zamanı birden yaşar; zihni, düşüncenin ufuklarına kanat çırpar; yüreği, fırıl fırıl dönen bir radar gibi hal-mazi ve istikbal arasında döner durur. Bu üslup insanı ışık hızının dahi topuğuna ulaşamadığı bir hızla zaman-mekan yolculuğuna çıkarır. Ve hatta öyle bir an gelir ki artık ne zaman kalır ne mekan. İşte bu ruh hali Kur'an'ın insanda uyandırmaya çalıştığı ruh halinin en yüce basamağıdır. O hal, O'nu kendine şah damarından daha yakın hissetme halidir; o hal, evrensel insan olma halidir; o hal, aynı anda hem hal hem bitimsiz bir mazi ve hem de ebedi bir istikbal olma halidir.

e- Kur'an şiire ve şaire meydan okuyan bir metin olarak tüm söz sanatlarını en usta bir biçimde kullanır. O bir şiir değildir, bu kesin; o şiirin çok fevkinde birşeydir. Onda her türlü mecaz, teşbih, istiareye rastlamak mümkündür. Onda mecaz olmadığını iddia etmek onu yüceltmez. Belki tersine bilmeden ona karşı yapılmış bir haksızlık demeye gelir. Onda mecaz, teşbih ve istiare gibi söz sanatlarının olması onun muhkemliğine bir zaaf getirmez ve kimse tarafından da böyle yorumlanamaz. O söz sanatlarını mesajın gerçekliğini zayıflatmak amacıyla değil, mesajı aracı kıldığı dilin tüm imkanlarını kullanarak muhatabına daha kolay ulaştırmak amacıyla istihdam eder.

Ahlâkı Kur'an olan Hz. Peygamber davette de ideal üslûbun örneğiydi. O, söyleyeceğini deve çobanından devlet başkanına davete muhatap olan her insanın anlayabileceği bir dille ve sadelikte söylerdi. "Onlar ki sözün tümünü dinlerler en güzeline uyarlar" (39;18) ayeti onda ahlâk halini almıştı. Sözü olan herkesi dinlediği için müşrikler ona "kulak" lakabını takmışlardı. (9;61)

Bir insanın konuşma hakkından sözedebilmesi için dinleme sorumluluğunu yerine getirmesi şarttır. Bu ahlâkî sorumluluk günümüz insanının en büyük eksikliğidir. Yapılan bir bilimsel araştırmada karşılıklı konuşan insanların birbirlerinin söylediklerinin % 65'ini dinlemediği ortaya çıkmıştır. Dinlemesini bilmeyenin dinlenmek istemeye hakkı yoktur. Peygamber'in ahlâkı bunun en ideal örneğidir.

Hz. Peygamber'in davet üslûbu ilkelerden taviz vermeyen fakat olguları da gören bir üsluptu. Hamiliğini yapan amcası Ebu Talib'in vefatından sonra bir gün kendisini çağırıp da "Babam nerdedir?" diye kasıtlı bir soru soran övey amcası Ebu Leheb'e, sorudaki hileyi farkederek ilkeleri gözeten şu cevabı vermişti:

"O ateştedir."

Bir de veda hutbesinde yer alan şu pasaja bakalım: "Ey insanlar! Kanlarınız ve mallarınız kıyamete kadar size haramdır, tıpkı bu gününüzün, bu ayınızın bu yurdunuzun haram olduğu gibi..."

Rasulullah'ın bu uzun cümlede vermek istediği asıl mesajı anlamak için kanaatimizce cahiliyye hayatı, Arap gelenekleri, Rasulullah'ın üslûbu vd. gibi bir çok şeyi birden bilmek gerekiyor. Eğer bu unsurları dikkate alırsak -ittifakla- veda hutbesinin girişinde yer alan bu sözün taşıdığı orijinal mesajı da bulabiliriz. Buna göre, Araplar insanlara değil yerlere, zamanlara, mekanlara hürmet ediyorlar, onları kutsuyorlardı. Lakin insana ve onun değerlerine hürmet etmiyorlardı. Rasul insanı aşağılayan bu kültürün hakim olduğu bir topluma insanın da kutsiyyetini anlatabilmek için onların anladığı dili konuşarak onlara önce kültürlerinde kutsadıkları şeyleri saydı. Burada Nebi'nin maksadı ayın, mekanın, günün kutsallığını ifade etmek değil, insanın can ve malının dokunulmazlığını ifade etmekti. Bu gerçeği onlara anlatabilmek için onların anladıkları dili konuşmak gerekiyordu. İşte Rasulullah'ın yaptığı da buydu.

Rasulullah'ın davet üslûbu, olguları ve kamuoyunu kale almayan bir üslup değildi. Bunun en tipik örneklerinden biri de şu: Hz. Peygamber Hz. Aişe'ye şöyle buyurur: "Bilir misin, halkın Kabe'yi yaparken İbrahim'in temelleri üzerine yapmadılar, bir parçasını dışarıda bıraktılar." Bunun üzerine Hz. Aişe "Ya Rasulallah, onu İbrahim'in temelleri üzerine yeniden yapsan olmaz mı?" diye sorunca Peygamberimiz "Eğer kavminin cahiliyye devri ile olan hatıraları henüz taze olmamış olsaydı ve tedirgin olmayacaklarından çekinmeseydim, Kâbe'yi atam İbrahim'in temelleri üzerine yeniden yapardım." (*Buhari, Hac 42, Tefsir 2/10. Ayrıca Müslim, Muvatta, Nesâî vd.*) Rasulullah dinin temelleriyle ilgili olmayan böyle bir konuda henüz cahiliyyeden yeni kurtulmuş Arap kamuoyunun muhtemel tepkisini dikkate aldığı için Kâbe'yi yıktırıp yeniden yaptırmıyor lakin Hz. İbrahim'in temeli'nin dışarda kalan kısımlarını işaretleyip oraya bir engel (hatim) yaptırarak "burası Kâbe'nin içidir" diyor ve böylece kamuoyunu tedirgin etmeden bir hatayı da düzeltmiş oluyordu.

Rasulullah, etrafındaki insanları terbiye ederken oldukça sevecen ve şefkatli davranır, onların hatalarını kendilerini kırmadan düzeltirdi. Yeni müslüman olan Muaviye b. el-Hakem namazda konuşulmayacağını bilmediği için Peygamber mescidinde namaz kılarken yanında aksıran birine "Allah sana rahmet etsin" demişti. Etraftaki insanlar onu azarlarcasına bakıştılar. O da yine namaz içerisinde şaşkınlıkla "Ne bakıyorsunuz yahu, ben ne yaptım" diye çıkıştı. Bu defa yanında namaz kılan diğerleri diz ve dirsek vurarak uyarmaya çalıştılar. Muaviye b. el-Hakem uyarının maksadını anlayarak sustu. Bu olay sırasında Rasulullah'ın tepkisini şöyle dile getirir: "Anam babam Rasulullah'a feda olsun. Ne ondan önce ne ondan sonra Rasulullah kadar güzel terbiye eden bir öğretmen görmedim. Beni bu hatamdan dolayı azarlamadı, dövmedi, sövmedi ve sadece şunu tembih etti: "Namazda dünya kelamı konuşulmaz. Namazda sadece tesbih, tekbir ve Kur'an okunur." (*Müslim, Mesacid 33. Ayrıca Ebi Davud, Nesâî vd.*)

Rasulullah, İslâm'ı insana taşımak için kimi zaman katlanılması çok zor olan durumlara dahi katlanmak zorunda kalıyordu. Hayatı çölde, deve ve at sırtında geçen bedevi Araplar genellikle beşeri münasebetlerde uyulması gereken genel ahlâk ve edepten habersiz insanlardı. Bunlar kimi zaman asgari ahlâk ve görgü kurallarına dahi uymuyorlardı. Örneğin bunlardan biri olan Uyeyne b. Hısn el-Fezari Araplar arasında iki lakapla ünlenmişti. Biri *İbnu'l-Lakîta* (azıtılmışın dölü) diğeri de *el-Ahmaku'l-Muta'* (uyumlu ahmak) idi. Bu zat, bir keresinde Peygamber mescidinin köşesine işemiş, tüm sahabe galeyana geldiği halde Rasulullah bir kova su getirterek oraya dökmüş ve bu ahlâk dışı muameleyi büyük bir sabırla karşılamıştı.

Dahası var. Ünlü tarihçi Suheyli'nin *er-Ravdu'l-Unuf*'unda kaydettiğine göre bu isim bir gün, alması gereken izni almaya lüzum dahi görmeden doğruca Rasulullah'ın oturduğu eve dalmış, Arabistan sıcağında ev içi kıyafetiyle odada habersiz oturan Hz. Aişe'yi görünce, ahmaklıkla karışık cehalet ve saflıkla Rasulullah'a şöyle deme cür'etinde bulunmuştu: "Ya Muhammed! Eşlerimden hangisini istersen ona karşılık olmak üzere şu humeyrayı/goncayı bana bağışlar mısın?" Hiç kuşkusuz bu teklifi Rasulullah gerektiği gibi cevaplamıştı. (*II/187-188*)

Bu bölümü Kur'an'da geçen Hz. Musa'nın bir duasıyla bitirelim:

Göğsüme genişlik ver
Kolaylaştır işimi
Çöz düğümü dilimden
Ki anlasınlar beni (Tâhâ 20;25-28)

İKRAM VE İYİLİK

"İyilik yapmakla kötülük yapmak bir değil. Kötülüğü iyilikle savuştur. O zaman bir de bakmışsın ki seninle arasında düşmanlık bulunan kimse sanki sıcak bir dost oluvermiş. Bu fazilete yalnızca sabredenler ve yalnızca kendisine erdemden büyük bir pay verilenler kavuşturulur." (41;34-35)

İnsan ihsanın kölesidir, der bir Arap atasözü. Bozulmamış her fıtrat iyilik ve ikramdan etkilenir. Bu insanlığın değişmez kuralıdır. Bu kuralı bozanlar nankörlerdir, nankörlük ise hainliktir.

Bir yürek fatihi olan Hz. Peygamber, daha peygamberlik verilmeden önce çevresinde iyiliksever ve ikram sahibi biri olarak tanınıyordu. Cahiliyye döneminde ezilen ve haksızlığa uğrayanların hakkını zalimlerden almak için kurulan Erdemliler Paktı (Hilfu'l-Fudul)'na katılmış ve demiştir ki: "Ben böyle bir pakta İslâmîyet döneminde dahi çağrılsam, hiç tereddüt etmez hemen katılırdım." (*İbn Sa'd, Tabakat I/129. Ayrıca bkz. İbn Hişam, Süheyli*)

Hilfu'l-Fudul, bir inanç ittifakı değil bir *insan hakları* ittifakıdır. Temel insan hak ve özgürlükleri çerçevesinde yapılacak her tür ittifak meşru olmaktan öte lazımdır ve bir müslüman bu tür ittifakları desteklemeyi hem İnsânî hem de İslâmî bir erdem bilir. İnsan hak ve özgürlükleri çerçevesinde yapılacak her tür dayanışma çağdaş bir Hilfu'l-Fudul'dür. Bu tür ittifaklara başkalarının çağırmasını beklemeden adaletin tesisi, insan hak ve özgürlüklerinin temini için müslümanlar başkalarını ittifaka çağırmak durumundadırlar. Çağırıldıkları zaman da eğer çağırıldıkları şeyin samimiliğinden ve insâniliğinden eminlerse çağıranların inancına bakmaksızın katılmak durumundadırlar. Bizim inancımızda mazlumun dini sorulmaz. Kişi mazlumsa dini ne olursa olsun yardım edilir, zalimse dini ne olursa olsun zulmüne engel olunur.

İyilik ve ikram, her zaman bir kimsenin gönlünün İslâm'a açılmasıyla sonuçlanmayabilir. Ancak, bu yolla birinin İslâm'a olan düşmanlığını hafifletmek ve hatta onu müslüman olmadığı halde İslâm'a ve müslümanlara yardıma ikna etmek de mümkündür. Bunun en çarpıcı örneği Rasulullah'ın amcası Ebu Talib'dir. Hangi insaflı müslüman Ebu Talib'le Ebu Leheb'i bir tutabilir?

Evet ikisi de müslüman değildi, ikisi de cahiliyye dinindendi. Ama Ebu Talib, akrabalık saikiyle de olsa varlığını Rasulullah'a adarken, tıpkı onun gibi amcası olduğu halde Ebu Leheb Rasulullah'a yapmadığını bırakmamıştı. Öyle ki, Kur'an hiç kimse için etmediği bedduayı onun için etmişti:

"Ebu Leheb'in eli kurusun, kurudu da..."

İslâm'ın Mekke'deki yükselişinde ve o çok zorlu yıllara rağmen varlığını korumasında Ebu Talib'in desteği, rahatlıkla söyleyebiliriz ki bir Hz. Ömer'in, bir Hz. Hamza'nın desteğinden hiç de aşağı değildi. Burada bir soru akla geliyor: Ebu Talib'i, akrabalık bağı dışında, yeğenini ölümüne desteklemeye ikna eden insâni nedenler var mıdır? Bu sorunun cevabı "evet" olmalıdır ve bu nedenlerin başında Rasulullah'ın en zor ve yoksul zamanlarında amcasına maddi manevi destek olması gelmektedir. Hatırlanacağı gibi önceleri zenginken sonradan oldukça yoksul düşen ve kalabalık nüfusuna dahi bakmakta zorlanan amcası Ebu Talib'e Rasulullah destek çıkmış, hatta onun çocuklarından biri olan Ali'yi daha küçükken yanına alıp büyütmüştü. Hz. Peygamber'in bu ikramının, Ebu Talib'in gönlünü İslâm'a açmadıysa da yeğenine sonuna kadar arka çıkmasında önemli bir rol oynadığı muhakkaktır.

Bir gönül fatihinin aklından çıkarmaması gereken en önemli şey birine İslâm iletmeden önce ikram iletmek olmalıdır, tıpkı Rasulullah gibi. Hz. Peygamber davet emrini aldığında yaptığı ilk iş tüm akraba ve dostlarına mükellef bir ziyafet vermek olmuştur. (*Buhari VI/221-222*) Çünkü İslâmî davetin yöntemi Şuara sûresinin 214. ayetinde odaktan merkeze doğru belirlenmişti. Peygamber'in halaları bu yemeğin amacını öğrenince ailede pek sevilmeyen Ebu Leheb'i davet etmemesini tavsiye etmişlerse de Rasulullah aldırmamış ve davet etmişti. Belazuri'ye göre birinci davetin ardından konuklar kendiliğinden dağılınca Rasulullah ikinci bir davet vermiş ve burada yeni dini açıklamıştı. İlk tepki bu ziyafete davetli olmadığı halde katılan övey amcası Ebu Leheb'den geldi. (*Ensab I, H. nu. 235*)

Hicretten sonra müslümanlar muhalefet olmaktan çıkıp iktidara yürüdüler. İslâm, Mekke'nin mahkûm dini olmaktan çıkıp Medine'nin hakim dini olmuştu. Müslümanlar devlet olmanın imkanlarını insanların gönüllerini İslâm'a kazanmak için sonuna kadar kullanıyorlardı. Zayıfın affı zillet, güçlünün affı izzettir ilkesi uyarınca, müslümanlar ellerine geçirdikleri gücü zulüm yönünde değil adalet yönünde kullandılar. Bunun en güzel örnekleri Bedir Savaşı'nda yaşandı. Belki insanlık tarihinde savaş ahlâkının bu denli mükemmel uygulandığı zamanlar enderdi. Vakıdî'nin *Megazi* adlı ünlü eserinde aktarılan şu olay hayli ilginç: Bedir'de esir düşen müşriklerden Yezid'in anlattığına göre, savaştan sonra esirler Medine'ye getirilirken galip müslümanlar kendi bineklerine mağlup müşrikleri bindirmiş, kendileri ise yaya yürümüşlerdi. Yine aynı kaynak, Bedir'de esir düşen Saib b. Ubeyd ve Ubeyd b. Amr b. Alkame isimli iki müşriğin kendi kurtuluş akçelerini ödeyecek malları olmadığı için Rasulullah tarafından karşılıksız salıverildiğini zikreder. (*I/138*)

Rasulullah, küfrü cehalet ve hamakatinden kaynaklananlara bu şekilde ikram ederken küfrünü savunan ve onda direnen *küfrün önderlerine* hiç acımamış, onlardan kurtuluş akçesi dahi kabul etmemiştir. Ukbe b. Ebi Muayt bunlardandır. Rasulullah, onlar için "Eğer anlaşma yaptıktan sonra anlaşmayı bozarlar ve dininize dil uzatırlarsa küfrün önderleriyle savaşın" (9;12) ayetini uygulamıştır. Çünkü onların bizzat varlığı İslâm ile insan arasına engeldir ve Allah Rasulü bu engeli kaldırmakta tereddüt göstermemiştir.

İbn Hişam ve Taberi'nin naklettiği şu olay İslâm'ın insana verdiği değeri belgeliyor: Mus'ab b. Umeyr'in Bedir'de esir düşen kardeşi Ebu Aziz anlatır:

"Esirler Bedir'den Medine'ye getirildikleri zaman ben

Ensar'dan bir aileye düşmüştüm. Rasulullah biz savaş esirleri hakkında iyi muamele etmelerini tavsiye ettiği için sabah ve akşam yemeklerinde kendi yiyecekleri ekmeği bana verir, kendileri sadece hurma ile karın doyururlardı. Onlardan birinin eline bir ekmek parçası geçse bunu bana verirlerdi. Ben utancımdan onu geri iade etmek isterdim, lakin onlar ona muhtaç oldukları halde dokunmadan bana geri verirlerdi." (*Sîra II/288, Taberi II/461*)

Rasulullah, iyilik ve ikramdan etkileneceğini umduğu kimi müşrik liderlere iyi muamele yapıyordu. Saffan b. Umeyye de bunlardan biriydi. Mekke'nin fethi sırasında çıkarılan genel aftan o da yararlanmıştı. Rasulullah'a gelip İslâm'a hemen girmek istemediğini söyleyerek, kendisine iki ay düşünme süresi tanımasını istedi. Rasulullah ona dört ay izin verdi, izzet ve ikram gösterdi. Saffan bu tavırdan öyle etkilendi ki, bir gün sonra başlayan Huneyn seferinde kullanılmak üzere Rasulullah'a ödünç olarak 100 adet zırh ve 50.000 dirhem de borç verdi. Savaştan sonra Rasulullah ondan aldığı borcu ödediği gibi hediye olarak da ganimetten bir sürü koyun ve deve verdi. Saffan bu ikram sayesinde dört ay beklemeden müslüman oldu. (*Belazuri I, H. nu. 758*)

Bundan daha ilginci kıtlık yılında gerçekleşti. Yemame kralı Sümame'nin ticari ambargosunun da etkisiyle Mekke'de kıtlık başgösterdi. Zenginler bir yolunu buluyorlardı. Mekke'deki kıtlıktan tabiatıyla en çok yoksullar ve yetimler etkileniyordu. Semhûdî'nin *el-Vefa*'sında yazdığına göre Rasulullah bu durumu haber alınca hiç tereddüt etmeden Mekke fakirlerine dağıtılmak üzere yüklü miktarda gümüş para göndermişti. (*I/300*) Semhûdî "yeteellefehum biha" diyor, yani "bununla Mekkeliler'in gönlünü İslâm'a ısındıracaktı."

Daha sonraki İslâmî fetihlerde Rasulullah'ın bu uygulamasına sık sık başvurulacaktır. Afrika fatihi Musa b. Nusayr halife tarafından kendisine tahsis edilen büyük miktarda bir parayı Afrikalı esir ve köleleri efendilerinden satın alıp özgürleştirmek için kullanmıştı. (*İzzeti, 195*) İşte Afrika'daki İslâmlaşmanın sırrı bu şefkat hareketinde yatıyordu. Musa b. Nusayr'ın bu şefkat ve merhamet hareketi kısa zamanda meyvesini verecek, hürriyetine kavuşan bu esir ve köleler hayatlarını özgürlük yoluna, İslâm'a adayacaklardır. Gariptir ki, müslüman fatihler Afrika'nın kölelerini hürriyete kavuştururken, Avrupalı işgalciler ise XV. ve müteakip yüzyıllarda Afrika'nın efendilerini köleleştirip Avrupa'ya ve Amerika'ya taşımışlardı.

Musa b. Nusayr'ın yaptığını ondan yüzyıllar sonra Senusiler de yapmışlardı. Satın alarak hürriyetine kavuşturdukları köleleri Cağbub'daki merkez zaviyelerinde eğiterek yine kendi kabilelerine davetçi olarak göndermişlerdir. Bunun sonucunda bir çok yerli putperest kabile müslüman olmuştur. Thomas W. Arnold, Afrika'da müslümanların yoksullara yardım ederek ve hastaları tedavi ederek İslâm'ı yaydıklarına dikkat çeker. (*s.355*)

Yine İspanya'da İslâm'a ilk girenler kölelerdir. Hindistan'da ise düşük kastlar İslâm'ı ilk kucaklayan kesim olmuştur. Çünkü kast sisteminin hakim olduğu bu bölgelerde insanlar hep sınıflara ayrılmış üst sınıftan olanlar alt sınıfa zulmetmekte, alt sınıflar insan yerine konulmamaktaydı.

Cape sömürgesinde İslâm'ın yayılmasında en büyük etken oradaki müslümanların terkedilmiş sokak çocuklarını evlat edinerek yetiştirmeleridir. Bu sayede sokak çocukları ve yetimler *İslâm'ın çocukları* haline gelmiştir. Kur'an'ın yetim çocuklar üzerinde ısrarla durmasının hikmetlerinden biri de bu şekilde anlaşılmış oluyordu.

HOŞGÖRÜ VE AF

Hoşgörü batı dillerinde Latince kökenli olan "toleransʺla ifade edilir. Sabretmek, katlanmak, dayanmak anlamlarına gelir. Arap dilinde bunun karşılığı "müsamaha"dır. Kur'an'da hiç geçmeyen bu sözcük sünnette genellikle alışverişte kolaylık gösterme bahsinde geçer. Bu tür hoşgörü hadislerinin hemen tamamına yakınını yalnızca Ahmed b. Hanbel *Müsned*'inde zikretmiştir. Bunların en ünlüsü "İsmah yüsmahu lek: Hoşgörülü ol ki, hoşgörülesin" hadisidir. (*I/248*)

İnsanlararası ilişkide hoşgörü hayatı kolaylaştırır ve yaşanılabilir kılar. Çünkü insan sürekli hata yapabilen bir yapıdadır. İnsanların hata ve kusurlarını hoşgören biri, yalnızca başkalarından da kendisi için hoşgörü bekleme hakkını kazanmış olmuyor, bununla birlikte hayatı katlanılabilir kılarak yaşamın işkenceye dönüşmesini önlüyor demektir.

Ne ki insanlar başkalarının kendilerine karşı yaptıkları hata ve kusurları hoşgörme hak ve yetkisine sahiptir. Bir başkasına karşı yapılan haksızlığı hoşgörmekten söz etmek gülünç olur. Hele bu, bir insanın Allah'a ve onun dinine karşı işlediği cinayeti bir başka insanın hoşgörmeye kalkması biçiminde tezahür ederse, düpedüz haddi aşmak olur. İnsan, birinin kendisine küfretmesini hoşgörebilir. Eğer meşrebi genişse hanımına, çoluk çocuğuna küfretmesini ve hakaret etmesini de hoşgörebilir. Ancak hiçbir kimse birinin Allah'a, O'nun dinine küfretmesini hoşgörme yetkisine sahip değildir. Allah'a karşı yapılan bu isyan küfür ve nifak sınırlarına ulaşmayıp sadece amelde kalıyorsa, o zaman buna şahid olan kişi o amelin sahibi için ancak istiğfar edebilir ve Allah'tan onun için hidayet, af ve mağfiret dileyebilir.

Kafirlerin ve münafıkların Allah'a karşı yaptıkları isyanın hoşgörülmesini reddeden Kur'an Hz. Peygamber'den onlara yumuşak davranmamasını, sert muamele etmesini istemektedir. (66;9) Yine, münafıkların elebaşısının cenaze namazını kılan Rasulullah Allah tarafından uyarılmakta ve bir daha böyle yapmamakla emrolunmaktadır. (9;84)

Oysa ki aynı Kur'an, Rasulullah'a, kendisine karşı yapılan hakaret ve eziyetlere aldırmamasını, sabretmesini tavsiye ediyordu:

> "Onların eziyetlerine aldırma, Allah'a dayan, savunucu olarak Allah yeter." (33;48)
>
> "Sabret, sabrın ancak Allah'ın yardımıyladır." (16; 127)
>
> "Onların söylediklerine sabret, onlardan güzellikle ayrıl." (73;10)

Rasulullah bu İlâhî tavsiyeyi bir ahlâka dönüştürerek bir çok insanın yüreğini fethetmişti. İbn Sa'd ve daha başkaları Hakem b. Keysan'ın müslüman oluşunu şöyle aktarırlar: Bir müşrik kervanına refakat eden Hakem ve arkadaşları bir gazvede esir edilip Rasulullah'a getirildiler. Rasulullah Hakem'i İslâm'a davet etti, o kabul etmedi. Rasulullah ısrar ve tekrar etti, her seferinde Hakem reddetti. Bu ısrar o dereceye vardı ki, Hz. Ömer, onun kesinlikle müslüman olmayacağını söyleyerek boynunu vurmak için izin istedi. Rasulullah buna izin vermedi ve ısrarla onu İslâm'a davet etmeye devam etti. Ve sonunda hakem İslâm davetini kabul etti. Rasulullah müslümanlara dönerek dedi ki "Eğer size uysaydım o öldürülecek ve cehennemlik olacaktı." Hakem b. Keysan sıradan bir müslüman olmakla kalmadı öğretmen olacak seviyede İslâm'ı öğrendi. Rasulullah onu Necid kabilelerine yolladığı 70 kişilik öğretmen kafilesine kattı ve Meune kuyusunun yanında tuzağa düşürülen bu kafilede şehid oldu. (*II/11 vd.*)

Küçük bir jest, basit bir iyilik ya da güzel bir söz kimi zaman bir insanın ebedi kurtuluşuna vesile olabilir. Bu, bir şefkat meselesidir. Mahlûkâta şefkat ve merhamette güneş gibi olanlar insan kazanırlar. Nasıl ki güneşin ışığından en zehirli yılanlardan en yırtıcı kuşlara, en vahşi sırtlanlardan çöl kaktüslerine kadar her bir şey faydalanıyorsa, imanın aydınlığından da herkes yararlanabilir.

Sahabe, Rasulullah'ın şefkat hareketinin neferleriydi. Bu duyguyla İslâm'ı yeryüzünün dört köşesine götürdüler. Ebu Eyyub el-Ensârî'yi ta İstanbul'lara kadar getiren bu duyguydu. O insan ve onunla birlikte olanlar herhalde bir avuç serdengeçtiyle Doğu Roma'nın asırlara direnmiş başkentini salt savaş yoluyla teslim alamayacaklarını, eskaza alsalar dahi uzun süre ellerinde tutamayacaklarını biliyorlardı. O tarihten tam 8 asır sonra Bizans'ın çok çok zayıf düştüğü bir dönemde dahi toplam nüfusu 70.000 olan İstanbul'u Fatih 200.000'i aşkın bir orduyla 54 günlük bir kuşatma sonucu güç-bela alacaktır. Bu durumda, Ebu Eyyub el-Ensari ve İstanbul'da yatan 60 kadar sahabiyi ta buralara kadar getiren gerçek saik, ancak bir şefkat seferberliğiyle açıklanabilir.

Kaybedilen bir insan için samimi her mü'minin öz evladını kaybetmiş gibi üzülmesi gerekir. İskenderiye'nin fethi sırasında İslâm askerlerinin tavrını bir kez daha hatırlayalım. Esir askerlerden İslâm'ı kabul eden olursa İskenderiye'nin fethi sırasında gösterilen sevinçten daha fazla sevinç gösterisinde bulunuyorlardı. Bir esir müslüman olmayı reddedip cizye vermeye razı olunca da öz kardeşlerini kaybetmiş gibi üzülüyorlardı. Arap prensi Cebele b. Eyhem olayı bunun ilginç bir örneği. Cebele hıristiyandı. Hz. Ömer ona müslüman olmasını ve zekat vermesini aksi halde cizye vermeye mecbur olduğunu söyledi. Cebele çok onurlu biriydi. Onun için cizye vermeyi onuruna yediremiyor ısrarla müslüman olmadığı halde zekat vermek istiyordu. Hz. Ömer bu teklifi reddetti ve üçüncü bir şık olarak İslâm topraklarını terkedebileceğini söyledi. O da 30.000 kişiyle Bizans'a geçti. Belazuri'nin aktardığına göre Ömer bu durumu öğrenince çok pişman oldu. Ubade b. Samit, Ömer'i şöyle azarladı: "Eğer sen ondan zekatı kabul etseydin, sonra da onun gönlünü İslâm'a ısındırsaydın o mutlaka müslüman olurdu." (Futuhu'l-Buldan, s.194)

İslâm, bir çok toplumu, önce o toplumun liderini müslüman ederek kazanmıştır. Hind, Çin, Endonezya, Java, Filipin, Malezya ve Afrika'da İslâmî yayılma bu şekilde gerçekleşmiştir. Saadet Asrı'nda bunun en tipik örneği hıristiyan papaz

Adiy b. Hatem'in müslüman olmasıdır. Tay kabilesinin liderlerinden olan bu papazın müslüman olmasına sebep esir olan kız kardeşi Süfâne'nin Hz. Peygamber tarafından affedilmesidir. Tay kabilesinin diğer esirleriyle birlikte Peygamber Mescidi'ne kapatılan Süfâne bir namazın ardından Rasulullah oradan geçerken ayağa kalkarak şu talepte bulunmuştu: "Ey Allah'ın Elçisi. Babam öldü, yol arkadaşım ve kardeşim de kayboldu. Beni bağışla Allah da seni bağışlasın." Kendisini afettirinceye kadar üç gün bu sözleri söyleyen Süfâne ümidini kestiği bir sırada Hz. Ali'nin işaretiyle tekrar affını istedi ve Rasulullah onu bağışladı. Süfâne Şam'a giden bir kervanla güvenliği sağlanarak gönderildi. Müslümanların bu hoşgörüsü sadece Süfâne'nin değil kabilesinin lideri olan ağabeyi Adiyy b. Hatem'in de gönlünü kazanacaktır. (İbn Hişam IV/247)

Cahiliyye döneminde Kâbe'nin kayyumluğunu yapan Osman b. Talha adlı biriydi. Bu aile yüzyıllardır babadan oğula bu işi yapıyorlardı. Mekke'nin fethi günü Kâbe'ye girmek isteyen fetih ordusu komutanını Osman b. Talha, Kâbe'ye bırakmak istemedi. Hz. Ali anahtarı zorla alarak Rasulullah'ın Kâbe'nin içine girmesi sağladı. Rasulullah Kâbe'den çıktıktan sonra yenilginin etkisiyle evine kapanan Osman b. Talha'yı çağırttı ve Kâbe'nin anahtarını herkesin şaşkın bakışları arasında ona verdi. Bazı tefsirler bu olayı "Kuşkusuz Allah size emanetleri ehline vermenizi emreder" (4;58) ayetinin iniş nedeni olarak aktarırlar.

Rasulullah'ın hoşgörüsüne, amcası Hamza'yı katlettiren Hind bt. Utbe güzel bir örnektir. Hind, İslâm'a düşman olan Mekke'lilerin başında geliyordu. Bu kadın kinine öylesine sadıktı ki, Fetih sırasında müslümanlara karşı koymama çağrısı yapan kocası ve Mekke lideri Ebu Süfyan'ın bile öldürülmesini istemişti. Müslümanların hoşgörüsü ve iyi muamelesi Hind'i yumuşattı ve Rasulullah'ın önüne kadar sürükledi. Rasulullah'a bağlılık yemini ettikten sonra şöyle demişti:

> "Ey Muhammed! Vallahi yeryüzünde senin ailen kadar rezil rüsva olmalarını istediğim hiç bir kimse yoktu. Fakat şimdi yeryüzünde senin ailen kadar şerefli ve aziz olmasını

istediğim hiç bir kimse yoktur."

Rasulullah Hind'in de içerisinde bulunduğu kadınlar gurubundan biat alırken, "çocuklarınızı öldürmemek üzere de biat edin" dedi. Hind hemen araya girdi: "Onları biz büyüttük, siz de Bedir'de öldürdünüz, siz bu işi daha iyi bilirsiniz" dedi. Rasulullah Hind'in bu sözlerini hoşgördü ve tebessüm etti. Hind, yine aynı samimiyetle "Ya Rasulallah geçmişte sana karşı yaptıklarımızı affet" deyince Rasulullah'ın cevabı müşfikti: "Allah yaptıklarınızı affetmiştir."

Fetih sırasında ihanet suçundan hakkında vur emri çıkarılanlar da vardı. Bunlar altı kişiydiler. Yarısı ihanetlerinde ısrar edince öldürüldü yarısı da affedildi. Hakkında vur emri çıkarılanların tümü de o dönemde bugünkü basının yaptığı işlevi üstlenmişti. Hepsi de Mekke müşriklerinin sözcülüğünü yapıyor ve İslâm'a hakaretler yağdırıyorlardı. İbn Zi'bârî de bunlardan biriydi. Hassan b. Sabit ünlü şiirinde onu pişmanlığını itirafa çağırıyordu. Geldi, pişmanlığını itiraf etti ve affedildi. Yine bunlardan biri Ka'b b. Züheyr idi. O da o günün medyasını temsil eden şairlerin başında geliyordu. Kıyafet değiştirerek geldi ve ünlü kasidesi "Banet Suâd"ı irticalen okudu. Tevbe de günahın cinsinden olmalıydı ki kabul görsün; onun tevbesi de günahının cinsinden olmuştu. Muhteşem şiirini okuyup bitirince Rasulullah sırtındaki hırkayı çıkarmış Ka'b b. Zuheyr'in sırtına giydirmişti. (*el-Bidaye ve'n-Nihaye IV/369*)

Bu meyanda Anadolu'dan da bir örnek vermeden geçmemek gerek. Aşıkpaşaoğlu ünlü tarihinde Bursa çevresinin ilk fethedilişinde müslümanların af ve hoşgörüsünün ne büyük bir rol oynadığını şu kelimelerle ifade eder:

> "Anın çün ki yiğitlik gazaların en iyisidür dediler. Hem de şol yiğitliği görende bir niceleri müslüman oldu." (s.46)

ADALET

Tüm değerleri iki başlık altında toplamak gerekseydi bu iki başlık kesinlikle şunlar olurdu: Tevhid ve adalet.

Tevhid imanın amacı, adalet İslâm'ın amacı.

Tevhid içbükey adalet, adalet dışbükey tevhiddir.

Tevhid insandan Yaratıcıya uzanan sevginin gayesi, adalet Yaratıcıdan insana uzanan sevginin gayesi.

Dinin amacı Allah-insan ilişkilerinde tevhidi, insan-insan ilişkilerinde ise adaleti gerçekleştirmektir. İnsanın adalete olan tutkusudur onu Allah'a ve ahiret gününe inanmaya mecbur kılan. İnsanda adalet tutkusu ne kadar güçlü olursa iman da o kadar kavi olur; adalet tutkusu ne kadar zayıf olursa iman da o kadar zayıf olur. Onun içindir ki Kur'an'a göre küfrün en büyüğü olan şirk en büyük zulümdür. (31;13)

Tevhid imanın temelidir, adalet mülkün. Tevhidsiz iman nasıl temelsiz bina gibi çökerse adaletsiz devlet de öyle çöker. İbn Teymiyye'ye nisbet edilen şu vecize bu gerçeği ifade eder: "Devlet küfürle yıkılmaz, zulümle yıkılır".

İslâm'a davetin amacı yeryüzünde adaletin tesis edilmesidir. Şu halde davet, mahza adalete davettir. Adalete davet edenler öncelikle adaleti kendi benliklerinde uygulamış olmalıdırlar. Kendisi adil olmayanın başkalarını adalete davet etmesi düşünülemez.

İnsanlık tarihinin hiç bir döneminde zulüm modern zamanlardaki kadar gönüllü müşteri toplamamıştı. Geleceğin tarihçileri modern çağı insanın hem kendisine hem eşyaya ve hem de doğaya zulmetmekten zevk aldığı *küresel sadizm dönemi* olarak adlandıracaklardır. Modern çağın son model zulümleri altında inleyen modern bireyi İslâm'a davet, aynı zamanda küresel bir kâbustan sıyrılmaya davettir.

Zulüm, bir şeyi yerinden etmektir, adalet ve hikmetse

bir şeyi kendi yerine koymak. Modern çağda hiçbir değer kendi yerinde değildir. Önce insan eşya ile yer değiştirmiştir. İnsan eşyanın yerine, eşya insanın yerine geçmiş ve bu şekilde hem insana hem eşyaya zulmedilmiştir. Sonra akıl vahiy ile yer değiştirmiş; hem vahye hem akla zulmedilmiştir. Dinle ideoloji yer değiştirmiş; din ideolojileştirilmiş, ideolojilerse dinleştirilmiştir.

Böyle bir çağda İslâm'a davet aslında her şeyi yerli yerine koymaya davet anlamını taşımaktadır. Bu da yürek fatihlerinin sorumluluklarını artırmaktadır. Her konuda olduğu gibi bu konuda da Hz. Peygamber'in örnek davranışları bize yol gösterecektir. Bu uygulamalar İslâm'ın sadece dostlarını değil düşmanlarını da hayran bırakmıştır. İşte bir örnek: Hayber fethedilmiştir. Hayber halkının temsilcileri galiplerle bir anlaşma yapmışlardır. Buna göre ürünlerinin yarısını vermek şartıyla yerlerinde kalıp arazilerini ekip dikmeye devam edeceklerdir. Hasat mevsimi geldiğinde anlaşma uyarınca Rasulullah'ın tahsildarı Hayber'e gider ve tarlalarda toplanmış hasadın başına geçerek der ki: "İster siz taksim edin ben beğendiğim yarıyı alayım, ister ben taksim edeyim siz beğendiğiniz yarıyı alın." Hayber yahudileri bu uygulama karşısında hayranlıklarını gizlemeyerek "İşte gökler ve yer bu adalet sayesinde ayakta duruyor!" derler. (*İbn Hişam III/409*)

Aslında Rasulullah'ın adil uygulamaları kimi insaflı yahudileri daha hicretin ilk yılından beri etkilemekteydi. Bunlardan biri de yahudilerin hem alimlerinden hem de ileri gelen zenginlerinden biri olan Muhayrık'tır. Muhayrık, Uhud Savaşı'nın yapıldığı günün sabahında silahını kuşanarak İslâm ordugahına geldi ve müslümanların safında savaşa katıldı. Vasiyeti şöyleydi: "Eğer bu savaşta ölürsem bütün mallarım Muhammed'indir. O, bu malları Allah'ın gösterdiği yere harcasın." İbn Hişam, İbn Sa'd, Vakıdî ve daha bir çoklarının naklettiği bu rivayetin devamına göre Muhayrık savaşır ve öldürülür. Nebi onun için "Muhayrık yahudilerin en hayırlısıdır" buyurur. İbn Hişam onu müslüman sayarken (*II/136*) İbn Sa'd onu yahudi saymakta ve "öldüğünde eski dini üzereydi" notunu düşmektedir. (*I/502*) Her neyse, önemli olan yahudi birinin gönlünün canını ve malını verecek derecede kazanılmış olmasıdır. İslâm'da ilk vakıf Muhayrık'ın arazileri olmuştur.

Belazuri'nin anlattığı şu olay hayli anlamlı: Müslümanlar Humus'u savaşsız teslim alıp halkından cizye topladılar. Bizans imparatorunun bir orduyla üzerlerine geldiğini haber alınca halktan topladıkları cizyeyi "Biz sizi koruyamayacağız" gerekçesiyle geri dağıttılar. Çünkü cizye, gayrı müslim vatandaşların can, mal, ırz, nesil ve inanç güvenliğini sağlama karşılığında İslâm devletince alınan bir tür vergiydi. Bu davranış üzerine Humus'un hıristiyan ve yahudi yerlileri "Sizin adaletinizi hıristiyan Heraklius'un zulmüne tercih ederiz" deyip, kendilerini bırakmamalarını, hep birlikte Bizans ordusuna karşı savaşacaklarını söylediler ve sözlerinde de durdular.

Bir Süryani papazı olan Bar Habreaus Anadolu'nun ilk gönül fatihlerinden Kutalmışoğlu Süleyman için şunları yazar: "Bu adam Antakya halkının gönlünü fethettiği için Antakya'nın hıristiyan halkı kendi dininden olan eski yönetici Pilardos'tan fazla ondan hoşnut ve razı olmuşlardır." (*Ebu'l-Ferec Tarihi II/331*)

Aynı isim Anadolu'nun gönül fatihlerinden Malatya fatihi Danişmend Gazi için şunları söyler: "Danişmendoğlu bir kimsenin öldürülmesine izin vermeyerek bütün ahaliyi kendisine ait saymış, herkesi evine göndermiş ve kendi memleketinden buğday, inek vs. gibi gerekli şeyleri getirterek halka vermiştir. Onun devrinde Malatya bir çok nimete garkoldu." (*II/342*)

Fuat Köprülü Osmanlı'nın Balkanlar'da takip ettiği adil siyaseti anlatırken bir Bulgar yazardan naklen şu ilginç olayı aktarır: İslâm hakimiyeti döneminde hıristiyan Bulgar kadınlar, miras davalarında kendilerine erkeklerle eşit pay veren kilise mahkemelerini değil de kendilerine erkeğin payının yarısını veren İslâm mahkemelerini tercih etmektedirler. (*İs. Med. Tar. s.310*)

Bizans Megasdüx'ü Lukas Notaras'ın İstanbul'un fethi öncesinde söylediği o ünlü sözü tarih kaydetmiştir: "Şehrin göbeğinde Latin papazlarının külahını görmektense Sultan'ın sarığını görmek evladır." (*Werner II/108*)

Adil davranışın bir insanın hayatında nasıl müthiş bir dönüşüme öncülük edeceğini ünlü düşünür Roger Garaudy'nin müslüman olmasına sebep olarak gösterdiği bir olayda görüyoruz. "..O gün ölümün parıltısında, insan hayatında aşkın boyutun mutlak bir norma kayıtsız şartsız İbrahimî itaat olduğunu öğrenmiş olmamı, bu Kur'anî onur anlayışına borçluyum" dediği olayın kahramanı Cezayirli sıradan bir müslüman askerdir. Kimbilir, İslâm'ın adalet ilkesini içinde yaşadığı toplumun yerleşik bir değeri olarak hayata dönüştüren bu sıradan Cezayirli, bu davranışıyla XX. yüzyılın en büyük filozoflarından birinin gönlünü İslâm'a açacağını belki de hiç hesaba katmamıştı. Garaudy olayı *XX. Yüzyıl Biyoğrafisi*'nde şöyle anlatır:

> "Albi'de direniş örgütlenmesinin ilk girişimlerinden biri nedeniyle 14 Eylül 1940'ta tutuklanarak, birkaç ay sonra Cezayir'in güneyinde, Sahra sınırında Gardaya bölgesine sürgün edildim. Kampın komutanı bir Fransız'dı. Gardiyanlarımızsa güneyli müslüman savaşçılardı. Zararsız bir ayaklanma sırasında komutan, yatmak için marabut çadırlarımıza geri girmezsek üzerimize ateş açılması emrini verdi. İçimizden hiç kimse yatmadı. Bir meydan okuyuşuyla eski "Hayatın üstüne gidelim" şarkısını söyledik. Üçüncü ve son uyarıdaydık. Ölüme bir kaç saniye vardı. Ölümün karşısında yaşamak... Bu defa hiçbir izlenim kalmadı; Heidegger'den bir okuma anısı bile. Bütün günlerimin hesabı yalnızca bir saniyede oldu. 28 yıl. İki yıldan az orduda, bir yıl savaşta, bir yıl hapiste; bir insan hayatından koparılmış İnsânî olmayan 4 yıl. Bir de çocukluğu, yani henüz problem olmadığı, henüz anlam arayışına girmediği zamanki hayatı çıkarmak gerek. Tüm bu çıkarmalardan sonra belki geriye kalan bir 10 yıl. Ya bu 10 yılda ne var? Doğmamış eylemler ve nesiller. Bu tamamlanmamış umutların kabarcıklar gibi hafif, içimde yükseldiğini hissediyordum; başka hiçbir şey. Aptalca, eski bir yazarın bir okul hatırası uyanıyor hafızamda, geçmişimde. Çünkü geleceğim yok artık: "Olduğumdan başka hiçbir şeyim yok artık. Onu size veriyorum ve bu yaşıyor olduğumuz şeydir." Yaşamamış

olduğum tüm bu hayatın en derinliklerinden, içimden, sınırsız ve saçma bir gülme yükseliyordu. Dipsiz bir kuyunun duvarlarından gelir gibi boğuk yankılanıyordu. Hem kabaran boş bir kabarcık gibi, hem de tam tersine kendisine bir yatak çökertmek için dağın taşlarını ateşleriyle çatır çatır kıran bir volkanın lavı gibi sağır edici oluncaya kadar büyüyordu. Dünyaların köklerinden kasılarak doğduğunun işitildiği sanılacak ne uğultuydu o!? Ve yine biz, hepimiz, şarkı söylüyoruz, umut edenlerin deli korosu, hafif ve müthiş sevinç:

Hayatın üzerine yürüyelim

Mutluluğun üzerine yürüyelim

Eksiksiz ve tensel tadı içinde anı yaşadım, sonsuzluk anını; zamanların ve sonsuzluğun bir araya geldiği bir an bu. O zaman mucize kendini gösteriyor. Eli kırbaçlı âmir adamlarını tehdit ediyor. Onlar hiç tereddütsüz ateş etmeyi reddediyorlar. Silahlı bir adamın silahsız bir adama ateş etmesi, bir Mağrib savaşçısının onuruna terstir. Savaş kanunlarına itaatte ya da Allah'ın yüce emrinin zıddına olan bir şeyin reddinde, herşey kayıtsız şartsız onura bağlı. O 4 Mart 1941'de -henüz 44 yıl oldu- sağ kalmış olmamı ve o gün ölümün ışıltısında insan hayatında aşkın boyutun mutlak bir norma kayıtsız şartsız İbrahimî itaat olduğunu öğrenmiş olmamı, bu Kur'anî onur anlayışına borçluyum." *(s.240)*

DUA

"İman etmiyorlar diye neredeyse kendini helak edeceksin." (26;3)

Evet, İslâm bir şefkat hareketidir. Öylesine bir şefkat hareketi ki, tıpkı Peygamber gibi kendini helak edercesine insanı İslâm'a İslâm'ı insana taşımak için didinmek, yırtınmak ve bu uğurda yârdan ve serden geçmek.

Çalışmak, yılmadan usanmadan çalışmak, bir fazla insanın ebedi mutluluğun çeşmesinden içmesi için meccane sakalık yapmak. Gönül gönül, yürek yürek saadet taşımak insanlara. Hiç bir karşılık, hiç bir ücret, hiç bir menfaat beklemeden yapmak bunu. Bir insanın kurtuluşuna vesile olmanın sevincini en büyük ücret bilmek ve onlardan yalnızca "yakın bir sevgi" istemek, sevginize karşılık olarak istemek bunu, harcadığınız sevginin çoğalacağını bilerek istemek. Bunu istemeye yerden göğe hakkınız var:

"De ki, sizden bu hizmete karşılık bir ücret istemiyorum, yalnızca size ilgi gösterene muhabbet istiyorum." (42;23)

Yalnızca seviyor olmanız, yüreklerin imana açılması için yetmez. Yetseydi Peygamber'inki yeterdi. O bile yetmedi. Yetmedi ki Allah "Sen sevdiğini doğru yola ulaştıramazsın, fakat Allah dilediğini doğru yola ulaştırır." (28;56) buyurdu. Hz. Nuh da babalık şefkatiyle gözleri önünde madden ve manen helak olan oğlu için dua etmişti de Allah'ın cevabı sert olmuştu: "Ey Nuh, o senin ailene layık değildir; çünkü o yanlış yaptı. Bilmediğin şeyi benden isteme. Sana cahillerden olmamanı öğütlerim." (11;46)

Eğer hidayet peygamberlerin elinde olsaydı tüm peygamberler bu hidayeti önce yakınlarına tahsis ederlerdi. O zaman Nuh Peygamber, bir baba olarak evlat acısı yaşamazdı. Yine öz karısına hidayeti ulaştırır, onun kurtuluşunu sağlardı. İbrahim Peygamber, önce kendi babasına hidayet ederdi. Lut Peygamber kızlarına ve karısına hidayet ederdi. Hz. Muhammed amcasına hidayet ederdi. Bütün bu Kur'anî örnekler de gösteriyor ki, hidayetiniz için bir başkasının çabası değil kendi çabanız önde geliyor. Allah'ın rahmetini celbeden de öncelikle sizin bu çabanız oluyor.

Dua, bir acziyeti itiraftır. Dua, insanın kendi kendine yetmediğini Allah'a duyurmasıdır. Dua, Peygamber'in ifadesiyle ibadetin beyni, özüdür. Namaz anlamına gelen "salat" dua demektir. Yani namaz, duanın harekete dönüşmüş biçimidir. Onun için Kur'an'ın Fatiha'sı, yani yürekleri imana açan sûresi müthiş bir hidayet duasıdır:

> "Rahman, Rahîm olan Allah adıyla.
>
> Tüm övgüler alemlerin Rabbi Allah'a mahsustur; Rahman, Rahimdir; Hesap Günü'nün Hakimidir.
>
> Yalnız Sana kulluk ederiz ve yalnız senden yardım isteriz.
>
> Bizi dosdoğru yola ilet.
>
> Nimet verdiklerinin yoluna; gazaba uğrayanların ve sapıkların yoluna değil. (1;1-7)

Hidayetin anahtarı Allah'ın kudret elindedir, çünkü yüreklerin anahtarı O'nun elindedir. Yürekler üzerinde O'ndan başkası tasarruf yapamaz. Sürekli halden hale giren, bir kararda durmayan, fırtınalı bir deniz gibi çalkalandıkça çalkalanan kalbi yalnızca O sakinleştirir, sabitleştirir. Bunun bilincinde olan peygamberler, ömürlerini tükettikleri davet yolunda güçleri bitince duaya sığınmışlar, duadan başka çare bulamamışlardır. İşte bir peygamberin, insanlara imanı taşımak için ömrünü harcayan Nuh Peygamber'in davet yolunda ödediği bedelin büyüklüğünü de gösteren duası: "Rabb'im! yeryüzünde kafirlerden tek kişi bırakma. Çünkü, sen onları bırakırsan kullarını saptırırlar ve yalnız ahlâksız nankör doğururlar. Rabb'im! Beni, anamı-babamı, inanarak evime gireni, inanan erkek ve kadınları bağışla; zalimlerin de sadece helakini çoğalt." (71;26-28)

Hz. İbrahim daha müşfik. O şöyle dua ediyor: "Rabbim, bu şehri güvenli kıl, beni ve oğullarımı putlara tapmaktan uzak tut. Rabbim, çünkü onlar insanlardan bir çoğunu şaşırttılar. Artık bundan böyle kim bana uyarsa o bendendir, kim de bana karşı gelirse elbette sen bağışlayansın, acıyansın." (14;34-35)

Hz. İsa, bir peygamber şefkatiyle şöyle yalvarıyordu: "Eğer onlara azabedersen, onlar senin kullarındır. Yok eğer onları bağışlarsan, elbette sen yücelik sahibisin, hikmet sahibisin." (5;118) Hz. İsa'nın, "onlar senin kullarındır" deyişi, Hz. Muhammed'in "Allah kuluna bir annenin evladına olan şefkatinden daha şefkatlidir" sözünü hatırlatıyor. Hz. İsa'nın gönlünün onların bağışlanmasından yana olduğunu, eğer onlar bağışlanırsa Allah'ın yüceliğine zerrece halel gelmeyeceğini hatırlatmasından anlıyoruz; ancak Allah'ın hikmet sahibi olduğu, O'nun hikmetinin mahza adalet olduğu da vurgulanıyor.

Uhud Savaşı müslümanlar için bir ölüm-kalım savaşıydı. Mutlak bir galibiyet, yapılan bir hata sonucunda mutlak bir mağlubiyete dönüşmüştü. En sadık sahabiler bile canını kurtarma telaşına düşmüş, düşman Rasulullah'ın yanına kadar sokulmuş, onu bir çok yerinden yaralamıştı. Hatta bir ara "Muhammed öldü" çığlıkları ortalığı kaplamış, lakin bunun asılsız olduğu daha sonra anlaşılmıştı. Rasulullah'ın dişi kırılıp yüzündeki yaradan akan kanlar sakalını ıslatınca, onu canlarından çok seven dostları onu bu halde görmeye dayanamayarak, müşriklere beddua etmesini isterler. Rasulullah elini kaldırır ve şu duayı yapar:

> "Ya Rabbi! Sen kavmimi doğru yola getir, onları bağışla, çünkü onlar bilmiyorlar." (*K. Ummal V/5269. Ayrıca Beyhaki, Taberanî, İbn Hibban vd.*)

Buhari ve Müslim başta, bir çok kaynağın naklettiğine göre Hz. Aişe Peygamberimiz'e sorar: "Ya Rasulallah! Uhud'dan daha çetin bir gün yaşadın mı?" Hz. Peygamber şöyle cevaplandırır: "Evet, ondan daha çetinini Akabe ile biten süreçte yaşadım. O gün bana hepsinden ağır geldi. Taif'e gidip oradaki arkadaşlarımı İslâm'a davet etmiştim de onlar reddetmişlerdi. Bunun üzerine çok üzüldüm. Nereye gideceğimi bilemez bir halde Karn-i Salib'e gelinceye kadar şaşkın şaşkın yürüdüm. Oraya geldiğimde bir bulutun beni gölgelediğini farkettim. Bir melek bana "Rabb'in senin duanı işitti ve halini gördü ve beni sana gönderdi. Eğer istersen şu iki dağı onların üzerine kapayacağım" dedi. Rivayet bu teklife Rasulullah'ın cevabının şöyle olduğunu nakleder: "Hayır. Belki Allah onların soyundan, kendisine şirk koşmayan ve yalnızca O'na ibadet eden kimseler getirir."

Bu rivayette geçen Rasulullah'ın kendisine Uhud'dan ağır geldiğini söylediği gün ettiği dua çok ünlüdür. İşte İbn Hişam'ın Sîra'daki metninden Türkçeleştirdiğim dua:

Allah'ım!

Kuvvetimin tükendiğini sana arzediyorum.

Gücümün azaldığını,

İnsanların gözünde küçük düştüğümü sana şikayet ediyorum.

Ya Erhamerrahimin!

Sensin ezilmişlerin Rabbi!

Sensin benim Rabbim!

Beni kimlerin eline bıraktın?

Bana gaddarlık yapan yabancıların eline mi?

Yoksa, dâvâmı ipotek edecek bir düşmana mı?

Eğer sen bana gücenmedinse,

kesinlikle bunlara aldırmıyorum.

Lakin iyiliğin beni rahatlatacaktır.

Senin nuruna sığınırım;

karanlıkları aydınlatan nuruna,

dünya ve ahiretimi kurtaracak nuruna...

Gelecek gazabın, bana ulaşacak öfkenden

kaçıp kurtulacak bir sığınak arıyorum.

Sana sığındım, yeter ki razı ol.

Güç ve kuvvet sendendir,

yalnız senden. (*II/29-30*)

Tirmizi nakleder: Rasulullah§, davetinin ilk yıllarında Allah'a kendisini Mekke'nin iki güçlü şahsiyetiyle desteklemesi için dua ediyordu. Bunlardan biri sonradan Ebu Cehil olarak dillere yerleşen Amr b. Hişam diğeri de Ömer b. Hattab idi. Allah, elçisinin bu duasını kabul etmiş ve Hz. Ömer'i İslâm'la şereflendirmiştir. (*Menakıb, 17*)

Müslim'in aktardığı bir haberden duanın insanın hidayetindeki önemini daha bir iyi anlıyoruz. Ebu Hüreyre Rasulullah'a gelerek müşrik olan annesi için dua etmesini istemiştir. Rasulullah bu isteği reddetmeyerek Ebu Hüreyre'nin annesine dua etmiştir. Ebu Hüreyre annesini tekrar davet için eve geldiğinde daha ağzını açmadan annesinin şehadetiyle karşılaşmıştır. (*F. Sahabe, 158*)

Samimi her mü'min, cehaletinden dolayı küfür, şirk, isyan ve tuğyan içinde yüzen bir insan gördüğünde bir ateş çukuruna doğru yürüyen kör bir insana karşı duyulan hissi duyarak içi yanmalı ve var gücüyle haykırmalıdır. Eline geçirdiği her aracı ona ulaşmak için kullanmalı, sesini ona duyurabilmek için her yolu denemelidir.

Böyle birini ateşe düşmekten kurtarmaya çalışan bir kimsede aranan ilk şart kendisinin gözünün açık olmasıdır. Bu da ilimle mümkündür, çünkü cehalet körlüktür. İkinci şart, kendisi ateşin içinde olmamalıdır. Çünkü eteği tutuşmuş bir itfaiyecinin başkasının yangınını söndürme iddiası gülünç olacaktır. Ateşte bulunmak, o şartları taşımamak demektir. Bataklıktan adam kurtarmak isteyen bir kimse, eğer bunda samimi ise, önce ayağını sağlam bir zemine basmak durumundadır. Bazılarının bataklıktan adam kurtaracağım gerekçesiyle bataklığa girmeleri, kaçınılmaz olarak çift kişilik bir batışla sonuçlanacaktır.

Sancısız insan, yürek fethedemez. Çünkü her yürek fethi bir doğumdur; sancısız doğum olmaz. Bu sancı "insana sancılanmaktır" ve çekenler bilir, doğum sancısına eştir. İnsanı yüreğinde taşıyanlar sonsuza dek taşırlar, yavrusunu karnında taşıyanlar ise sınırlı bir zaman...

İnsanın kıymetini en çok bilenler insana sancılanan yürek fatihleridir, en çok ihanete uğrayanlar da onlar... Bazı sancılar gürbüz doğumlarla sonuçlanırlar, bazıları ise düşükle. Kimsenin kınamaya hakkı yoktur, elbette çok doğuran düşük yapacaktır. Fiziki kısırlık bir ayıp değil bir mazerettir ve imtihandır. Ama manevi kısırlık, koskoca bir ömürde bir tek insanın dahi elinden tutamama, onun manevi doğumuna vesile olamama, bir özür değil koskoca bir kayıptır.

İslâm ümmetinin misyonu, insanlığa analık yapmaktır. Bu misyonunu yerine getirmediği, insanlığa karşı sorumluluğunu üstlenmediği zaman öz evladını kendi elleriyle öldürmüş vicdansız bir ana gibi Allah'ın huzurunda hesaba çekilecektir. Şu ayete bakın, dikkatle ve bir ana sorumluluğu içinde okuyun bu ayeti:

"İşte böylece sizi dengeli bir ümmet yaptık; ki insanlara örnek olasınız, Peygamber de size örnek olsun diye." (*II/143*)

Ümmet, anne anlamına gelen "ümm" kökünden gelir. Ümmete bu adın verilmesinin nedeni insanlığın "anası" olması istendiği içindir. İnsanlığa ana olmak; insana kol-kanat germekle, onu ateşten korumakla, ona mânâ memelerinden saadet emzirmekle, onu cehennem tehlikesinden uzak tutmakla, onun mutluluğu uğruna hayat koymakla olur.

İmam da aynen ümmet gibi "ümm" kökünden gelir, o da "ana"dır; ümmetin anası. Ümmetin evladına kol-kanat geren, ümmeti bir beden gibi görüp bu bedene yürek olan, Hz. Nebi gibi "iman etmiyorlar diye neredeyse kendini helak edeceksin" ilâhî hitabına muhatap olan ana.

Yine Kur'an'ın şu ayette çizdiği Peygamber modelini örnek alan ana: "Gerçek şu ki; içinizden size gelen peygamber, sizin (iki cihanda) karşı karşıya kalabileceğiniz sıkıntıdan dolayı kendini ağır bir sorumluluk altında hisseden, size çok düşkün, mü'minlere karşı şefkat ve merhametle dolu biridir. Bütün bunlardan sonra eğer yüzçevirirlerse de ki: Allah bana yeter! O'ndan başka tanrı yoktur. O'na dayandım, O'na güvendim, çünkü O'dur en yüce hükümranlığın Rabbi." (9;128-129)

NAMAZ VE KUR'AN

Huşu içerisinde, kendinden geçmiş bir vaziyette namaz kılan bir mü'mini seyretmek, dünyayı uzaydan seyretmekten daha heyecan vericidir. Namazı yalnızca kalıbına değil kalbine de kıldıran bir mü'minin namazı, insanı bambaşka bir dünyaya taşır ve kendisiyle yüzleştirir. Bu bakımdan namaz *bir varoluş ayinidir.*

Namaz hem yoldur, hem yolcu, hem de menzil. Kıldığı namazla özdeşleşen, kendisini namaza tam veren bir mü'min de hem yol olur, hem yolcu ve hem de menzil. Ona bakan, sadece onu değil, onun namazında yolu ve menzili de görür.

Modern birey, aşkınla bağlarını koparınca "anlamsızlığın" girdabına yakalandı. Allah'sızlık anlamsızlıktır. Saçma, tam da aşkının zıddıdır. Hayatına aşkınla anlam katamayan bir insan için dünya anlamsızdır, hayat anlamsızdır, ölüm anlamsızdır, doğum anlamsızdır, zaman anlamsızdır, mekan anlamsızdır, madde anlamsızdır, mânâ anlamsızdır. Çünkü onun kendisi anlamsızlaşmıştır. Anlam demek Allah demektir ve namaz hayata anlam katmanın en kestirme, en sağlıklı yoludur.

Fethi Aşan Fetih: Namaz

Abdest bir arınmadır, fiziki arınmayı sembolize eder; namaz da bir arınmadır, rûhî arınmayı sembolize eder. Abdest toprağın suyla buluşmasıdır. Bu ikisinin buluşması bir yönüyle insanın hammaddesi olan çamura işaret eder, diğer yönüyle cansız toprağa suyla taşınan cana işaret eder ve bu birleşmeden bir tohum yeşerir, bir sürgün fışkırır. Yaşam toprağı, günün birinde öyle bir hal alır ki, hayat cennet gibi can alıcı bir bahçeye dönüşür, sürgünler meyveye durur.

Setr-i avret, aynı zamanda namazın bir fonksiyonuna işarettir; insanın kusur ve ayıplarının örtülmesine. Namaz, bizatihi kusur giderici, ayıp örtücüdür. Huşu içerisinde kılınmış bir namaz düşüncenin ayıplarını, duygunun kusurlarını örter, kalbi ve onun akletme yeteneğini de açar ve geliştirir. Yüreğin yüzünü kızartan duygular, aklı utançtan yerin altına geçiren düşünceler, kuşkunun arsız tohumları, hep namazla örtülür.

Namaz ruhun elbisesidir; namazı giyinmemiş ruhlar çıplak ruhlardır.

Kıble, mekan bilincidir, coğrafya şuurudur. Kâbe, aşkın olanın yeryüzündeki sembolüdür. Kâbe üç boyutlu bir mekanda zamana yolcuğu sembolize eder. Yüreğin kıblesi, bir açıdan hiçbir yön, bir açıdan her yöndür. Hiçbir yöndür; çünkü kendisi bir kıbledir, insana şahdamarından yakın olan, yüreğe yürekten daha yakın demektir. Her yöndür; mekanın ve zamanın dışında yapılan bir yolculukta mekan sorulmaz. Mekanın bittiği yerde hiçbir yer yol, hiçbir yer yolcu, hiçbir yer menzildir. Her yol O'na çıkar, O her yerdedir. Bu bilinç insanı evrensel insan yapar. Evrensel olan insanın yüreğindeki harita da sınırsız ve sınıfsız bir haritadır.

Vakit, zaman bilincidir. Vel'asr (çağa/ikindiye yemin olsun), veşşefak (şafak vaktine yemin olsun), velfecr (göğün ağarma vaktine yemin olsun), vedduha (kuşluk vaktine yemin olsun), vennehar (gündüz vaktine yemin olsun), velleyl (gece vaktine yemin olsun) Kur'ânî ifadeleri, hep sürekli içerisinde yaşadığımız için kıymetini takdir ve idrak edemediğimiz zaman nimetine dikkat çekmektedir. Zaman bilinci varlık bilincinin olmazsa olmazıdır. Heidegger'in şaheserine verdiği isim de buna işaret etmektedir: *Var ve Zaman*. Baştan sona bir şüphe felsefesi olan batı düşüncesinin ulaştığı zirvelerden biri olan Varoluş Düşüncesi de yine varlığı Vareden Mutlak Var'a ulaştırmadan, ortada, başıboş bırakıverir insanı. İnsanı bu başıboşluk duygusundan, bu kaybolmuşluk hissinden kurtaracak en güzel yöntem, yine namazdır.

Niyet, tam anlamıyla bir bilinci kuşanma halidir. Niyet tayin, tesbit ve kasıttır. Yolculuk yol güzergahının tesbiti, hedefin tayiniyle anlam kazanır. Varılacak menzili tesbit etmeden çıkılacak bir yolculuk yolculuk değil âvâreliktir. Niyet, neden, niçin, nasıl ve nereye sorularının cevabıdır. Bu sorulara cevap bulamamış bir namaz "dosdoğru" bir namaz değildir. Bölye bir namazın sahibi "Namaz kılanlara yazıklar olsun" (107/4) ayetinin gerçek muhatabıdır. İbadeti âdetten ayıran şey "salih niyet"tir. Eğer bu gerçekleşmemişse ibadet âdetleşmiş ya da âdet ibadetleşmiş demektir.

"Allahüekber" diyebilmek, bunu ta yürekten inanarak söyleyebilmek, tanrısız değil çok tanrılı bir çağın tüm sahte tanrılarına meydan okumaktır. Allahüekber, namazı direnişe dönüştüren İlâhî bir slogandır; insanın aşkın boyutunu yok eden, sahte tanrılarını dayatan, hayatı anlamsızlığa mahkûm eden bir çağa, şeytana ve ayartan öz benliğe karşı direnişe... Herkesi temin ederim ki, Allahüekber diyemeyenin hayatı bir tek zaferle sonuçlanabilir; anlamsızlığın zaferiyle, saçmanın zaferiyle. Böyle sonuçlanan bir hayat tüketilmiş bir hayattır. Oysa ki Allahüekber, hayatı üretmenin, sonsuzca üretmenin anahtarıdır. Namazın kapısı olan Allahüekber, itaatte ve isyanda tevhiddir. Allahüekber diyen insan dünyayı, zamanı ve mekanı ellerinin üzerine koyup ardına atarak yeni bir dünyaya, zamansız bir zamana, mekansız bir mekana doğru yolculuğa çıkmıştır. İşte miraç, bu yolculuğun adıdır.

Kıyam, Allah huzurunda bir saygı duruşudur. Tüm hamdin yalnızca O'na olduğunun hal ve beden diliyle ifadesi; Allahüekber demenin doğal bir sonucudur. Saygı, kıraatle birazdan hayranlığa dönüşerek insanı O'nun önünde eğilmeye götürecek, hayranlık rükuda aşka dönüşerek secdeyle zirvesine ulaşacak. Kıyamın bir anlamı da "başkaldırmak"tır. Tüm putlara, tüm şeytanlara, öz benliğin ayartıcı vesveselerine, bayağı hazlara ve geçici zevklere karşı başkaldırmak. Zaten bunlara başkaldırmadan, bunları arkaya atmadan namazı miraca dönüştürmek ne mümkün?

Kıraat, yolculuğun yakıtı olan Kur'an'ı sembolize eder. O'ndan gelen ruh, O'na doğru giderken, O'nun kelamını terennüm eder. Bu terennüm İlâhî anlamın beşeri kelimelere dönüşmesidir; tıpkı şifrenin çözülmesi gibi. İşte onun için tilavet değil kıraattır namazda okunan. Kıraattır, çünkü bir okumayı kıraat yapan unsur istikra/duyumsamaktır; anlamı yüreğe yedirmek, zihne kazımak ve eyleme dönüştürmektir. Sahabenin namazını farklı kılan şey buydu. Onlar namazda dünya ilişkilerini bir anlığına kesip tüm duyargalarını ötelere çevirir ve bu durumun bir sonucu olarak kıraat esnasında arı uğultusu gibi bir ses çıkarırlardı. Kıraat diye de buna derlerdi. Bu ses sanki içten yanmalı çok güçlü bir motorun, yüreğinde olan muhteşem yangını ve bunun insana verdiği muazzam enerjiyi ele veren bir ses gibiydi.

Rüku, bir boyun eğiş, bir hayret makamıydı. Tanıma hayranlıkla başlardı. İnsanı hakikate götüren şey hayranlık duygusuydu. Rüku, bu hayranlığın sembolüydü.

Rüku itaatin zirvesiydi; vicdanın kayıtsız şartsız teslimiyetinin. Müslümanların namazdaki rükuu, Hz. İsa şeriatını İslâm'ın içerdiğinin de bir sembolüydü.

Rüku İsevilerin namazının, secde de musevilerin namazının temel ritüeliydi. İslâm kendi namazında bu İbrâhimî uygulamayı bütünleştirdi ve en mükemmel haliyle vaz etti.

Secde, miracın son noktasıydı. Aşkı, katıksız ve saf aşkı temsil ediyordu. "Ben kendi kendime yetmem" demenin beden diliyle söylenmesiydi. "Ben zayıfım sen güçlü, ben isteyenim sen veren, ben sınırlıyım sen sınırsız, ben af dileyenim sen affeden, ben mahlûkum sen Halık, ben kulum sen Rabsın demenin" ifadesiydi. Secde bedenin küçülüşünün son noktası ve ruhun büyüyüşünün ilk noktasıydı. Secde bir "haddimi bildim ve sana geldim" itirafıydı.

Bana saf ve ulvi aşkın simgesi olan bir hareket göster deseler, hiç şüphesiz secdeyi gösterirdim.

Ve oturuş; yolcuğun hazzını almak, onu yürek ikliminden bilince taşımak için oturuş. Miracın demini sürmek, bu tecrübeyi hayatın ilgili yerlerine hikmetle yerleştirmek için oturuş. Ve insanlara, batının ve doğunun insanlarına, her renkten, her ırktan, her coğrafyadan, inancın dilinden anlayan, yüreğiyle duyan insanlara selam vermek; işte yine aranızdayım, sizinleyim, yeni bir miracı haketmek ve aşk ipliğini namaz iğnesine geçirerek dünyamı ahiretime dikmek için eyleme geçiyorum, demek.

Böylesine hakkı verilerek kılınmış bir namazın onu izleyen herhangi bir insanda bırakacağı derin izleri düşünebiliyor musunuz? Müşrikleri en çok korkutan şeylerden biri de buydu; namaz. Bu nedenle Ebubekir'in evinin avlusunda, sürekli gözyaşları içerisinde kıldığı namazlar, en katı yürekli putperestleri dahi yumuşatıyor, bir çok insanda sonu hidayetle noktalanan derin izler bırakıyordu. İbn Hişam ve Buhari'nin naklettiği bir rivayetten, kadın-erkek, çoluk-çocuk demeden bir çok Mekkeli'nin Ebubekir'in namazda okuduğu Kur'an'ı dinlemek için evinin önünde guruplar oluşturduğunu öğreniyoruz. Müşrik liderler, onun bu soylu eylemini savaş sebebi sayıp hâmîsi İbn Duganne'ye şikayet ediyorlardı. Namaz bir savaş sebebi?! Evet, öyle kılınmış bir namaz kimi zaman orduların yapamayacağını yapabilir.

Yine Ammar b. Yasir de evinin önündeki avluda namaz kılıyor ve müşrikler, namazda okunan Kur'an'dan insanların etkilendiklerini gördükleri için onu kendisine eman veren Ebu Cehil'e şikayet ediyorlardı. (*Bidaye VII/311*).

1298 yılında müslüman olarak Said b. Hasan adını alan ünlü bir Yahudi aliminin hidayetine cuma namazı sebep olmuştur. Goldziher'in "*Said b. Hasan d'Alexandrie*" (İskenderiyeli Said b. Hasan) isimli çalışmasında hayatını ortaya çıkardığı bu ünlü yahudi din alimi şiddetli sancılar çektiği bir sırada müslümanların mescidine gider. Kendi dilinden dinleyelim:

> "Camiye girdiğim zaman mü'minlerin melekler gibi saf saf durduklarını gördüm ve içimden bir ses işittim ki, bu ses "eski İsrailoğulları peygamberleri tarafından geleceği haber verilmiş olan cemaat budur işte" diyordu adeta. İmam o anda şu ayeti okuyordu: "Şüphesiz Allah adaleti, iyiliği, yakınlara vermeyi emrediyor. Her tür hayasızca tavrı, akl-ı selime aykırı davranışı ve dengesizliği yasaklıyor. Ve size böylece öğüt veriyor ki, belki üzerinde kafa yorarsınız." (16/90) Bu ayet bittiği anda beni bir korku hissi kapladı. İbadet başlayınca beni görünmez bir güç harekete geçirdi. Çünkü bana namaz kılan mü'minlerin safı sanki insanların değil de meleklerin safı gibi göründü. O mü'minlerin tam bir alçakgönüllülükle yaptık-

ları rüku ve secdelerde Allah'ın yüce varlığından işaretler görünüyordu. Ta içimden kopup gelen ses "Eğer Yüce Allah İsrailoğullarına geçmiş asırlar içerisinde iki kez hitapta bulunduysa, hiç kuşkusuz bu ümmete de her ibadet sırasında hitapta bulunuyor" diyordu. Ve sonunda aklen kanaat getirdim ki Allah beni müslüman olmak için yaratmıştır." (*Arnold 415-416*).

Aynı kaynak İslâm'a düşmanlığıyla ünlü Ernest Renan'ın kendi eserinde yaptığı bir itirafı nakleder:

"Bir mescide girip de ta içten etkilenmediğim ve hatta diyebilirim ki müslüman olmadığıma hayıflanmadan çıktığım olmamıştır." (416)

Dünya oldukça küçüldü, ulaşım araçları oldukça yaygın ve hızlı. Müslümanlar çeşitli nedenlerle yeryüzünün İslâm olmayan coğrafyalarına gidip geziyorlar ve hatta oralarda yerleşenler dahi oluyor. Halkı müslüman olmayan ülkelerde yapılan geziler sırasında namaz, müslümanların cehaleti sonucunda ciddi bir soruna dönüşüyor. Hıristiyanlar ibadeti kiliseye hapsettiler. İslâm'a göre hayat ibadettir ibadet hayat, tıpkı yeryüzünün tamamı mescid olduğu gibi. Düşünebiliyor musunuz, Londra'nın Hayde Parkı'nda, New York'un Broadway'inde, Berlin'in Brandenburg ya da Roma'nın Navona meydanlarında namaz vakti geldiğinde temiz bir yer bulup oracıkta huşu içerisinde namaz kılan bir mü'minin oluşturacağı ilgi halesini? Aşkınla tüm ilişkisini koparıp modern makinanın bayağı bir dişlisi haline gelen modern Batı insanı için bu durum, ufolardan daha dikkat çekici ve iz bırakıcıdır. Tabi ki varlık sorusunu sorabilenler için geçerlidir bu. İşte namazın tebliğe dönüştüğü nokta. O zaman sizin namazınız ölü canlara ruh veren diriltici bir soluk olur.

Kur'an da tıpkı namaz gibi insanlar üzerinde derin izler bırakmaktadır. Bunun en tipik örnekleri Rasulullah zamanında yaşanmıştır. Rasulullah henüz Mekke'deyken, evinin avlusunda yüksek sesle Kur'an okuyordu. Her tabakadan Mekkeliler onun okuduğu Kur'an'ı dinlemek için geceleri evinin önünde toplanıyorlardı. Bir gece Mekke'nin en ileri gelenlerinden üç kişi gizlice buraya gelmişlerdi. Birbirlerini tanıdıklarında bir daha buraya gelip Rasulullah'ın Kur'an'ını dinlemeyeceklerine dair söz verdiler. Lakin ertesi gece, gecenin karanlığına sığınarak bu kişiler birbirinden habersiz yine geldiler. Dönüş yolunda tekrar karşılaşıp yeniden aynı sözü verdiler. Bu üç gün böyle devam etti. (*İbn Hişam*) Yine Yemen'in Ezd kabilesinden Dımad isimli ünlü bir büyücü/kahin, Mekke'ye uğradığında Kureyş müşriklerinden şehirde müthiş sihirler yapan (!) birinin olduğunu öğrendi. 'Rakibini' mat etme vaadiyle Rasulullah'ın yanına giren Dımad ondan hünerini ortaya koymasını istedi. Rasulullah sihirbazlık hünerleri bekleyen bu büyücüye Kur'an'dan ayetler okudu. Dımad bunlardan öylesine hoşlandı ki üç kez tekrar ettirdi ya da üç kez devam etmesini istedi ve sonunda Kur'an onun gönlünü de fethederek müslüman oldu. (*Müslim I/237*)

Hz. Ömer'in imanına sebep de yine Kur'an olmuştu. Yine Necaşi Hz. Cafer'in okuduğu Meryem sûresiyle sermest olmuş ve Rasulullah'ın gerçek peygamber olduğunu onaylamıştı. Kur'an'ın yürek fethinde ne müthiş bir araç olduğunun çok tipik bir örneği Hind okyanusu adalarından Moluka'ya komşu Ternate'da yaşandı. Buraya gelen Portekizli sömürgeciler İslâm'ın bu küçücük ve pek bilinmeyen adanın dini olduğunu görünce hayli şaşırır ve bu işin nasıl gerçekleştiğini sorarlar. Ternate'lılar olayı şöyle anlatırlar: Datu Molla Hüseyin isimli müslüman bir tüccar bir yandan malını pazarlarken bir yandan da pazarda sesli olarak Kur'an okumaktadır. Etrafında biriken yerli halk çok hoşlarına giden bu sözleri kendilerine de öğretmesini isterler. O da müslüman olurlarsa bunu yapacağını söyler ve Ternate adası halkı böylece kısa zamanda müslüman olur. (*Arnold 387*)

Yürekten, duyarak okunan bir Kur'an, elbette gönüllere etki edecektir. Çünkü Kur'an bir ışık, bir şifa ve bir hidayettir; tabi ki karanlıktan kurtulmak için ışık arayanlar için, hastalığını farkedip şifa arayanlar için, ve varoluşuna bir anlam bulmanın tek yolunun inanmak ve teslim olmaktan geçtiğini bilenler için...

DÖRDÜNCÜ BÖLÜM

YİTİK FARZ: EMR BİLMA'RUF NEHY ANİLMÜNKER

> "İçinizden hayra çağıran, akl-ı selimin iyi ve güzel kabul ettiği şeyleri emreden ve kötülüklerden de alıkoyan bir topluluk bulunsun. İşte bunlardır gerçek kurtuluşa erenler." (3;104)

Hobbes'un Batı'daki insan ilişkilerini özetleyen "insan insanın kurdudur" aforizması, Sartre'da "başkası cehennemdir"e dönüşecekti. Tabi ki, Batı düşüncesinin Hıristiyan postülası "peché originale: ilk günah" saplantısının gelip duracağı son durak bu olacaktı.

Pavlus Hıristiyanlığı, her doğan insanı peşinen mahkûm etmişti. Çünkü ona göre her insan sırtında bir günah kamburuyla doğmaktaydı; üstelik kendi işlemediği bir günahın kamburuyla. O günah, ta ilk atası Adem'in işlediği günahtı. Yunan paganizminin etkilerinin açıkça görüldüğü bu hıristiyan düşüncesinde çelişkiler bununla bitmiyordu. İşe böyle bir yanlışla başlayınca, bu günahın bedeli olarak da İsa'nın bedeninin çarmıha gerilmesi gerekiyordu. Kilise bunu da tıpkı "özgün günah"ta yaptığı gibi dogmaları arasına kattı. Bununla da yetinmeyip, Yahudi peygamberlerinin bir geleneği olan yağlama "mesh" olayını, şarapla vaftize dönüştürüp bunu da yine günahtan kurtuluş ritüelleri arasına kattı.

İslâm'da ise her doğan insan günahsız, pırıl pırıl, "Allah'ın fıtratı" (30;30) üzerine doğardı. Yani insanın doğası beyaz bir sayfa gibi tertemizdi. Hz. Peygamber bu "doğallığın" adına "İslâm fıtratı" diyordu. Öyleyse, İslâm doğal olanın adıydı, doğal olan da İslâm'ın... Bu durumda, Pavlus Hıristiyanlığının aksine İslâm "sapma"yı aslî değil *arızî* kabul ediyordu. Aslî olan günahsızlık, beyazlık, saflık, doğallık, yani

İslâm'dı. Günah, sapma, küfür, şirk ise sentetik ve arızî idi.

İnsanın ontolojik yapısını "İslâm fıtratı" olarak niteleyen Peygamber, bu yapıyı "Allah'ın fıtratı" olarak gören Kur'an, insana insanın kurdu olarak bakılmasını hoşgöremezdi. Kur'ân'ın anlayışında *insan insanın cenneti ve âyetiydi*. Bu ayet tahrif edildiği zaman, tahrif edilmiş bireylerden oluşan toplum da "yakıtı insanlar ve taşlar olan cehenneme" dönüşürdü. Evet, aynen öyle:

> "Ey iman iddiasında bulunanlar! Kendinizi ve terbiyesiyle yükümlü olduğunuz kimseleri yakıtı insanlar ve taşlar olan cehennemden koruyunuz." (66;6)

Korunmamış, uyarılmamış, terbiye edilmemiş insanlardan oluşan haneler, yakıtı duvarının taşları ve içerisinde kalan insanlar olan cehenneme dönüşür; sokaklar, yakıtı üzerinde yürüyen insanlar ve o insanların yürüdüğü yolun taşları olan cehenneme dönüşür; kentler, yakıtı o kentte oturan insanlar ve o kentin yapı malzemesi olan ceheneme dönüşür. Bu cümleyi, ülkeler, coğrafyalar, kıtalar ve dünya diye uzatabilirsiniz.

Kur'an'ın oluşturmak istediği insan tipi, bir diğer adıyla "homo Kur'anikus", sosyal, etkin, sorumlu bir insan tipidir. Kur'an, aktardığı peygamber kıssalarıyla inanan insanlara sürekli toplumsal sorumluluklarını hatırlatır ve onları geçmiş kavimlerin başlarına gelen felaketlerden ibret almaya çağırır. Bir yerde daha önce kendilerine kitap gönderilen bir toplumun nasıl toplumsal bir vurdumduymazlığa saplandıklarını aktarır ve muhatabını silkeleyerek sözü şöyle bitirir:

> "Kıyaslayıp ibret alın ey akıl sahipleri!" (59;2)

Toplumsal Dönüşümün Yasaları

Toplumsal dönüşümün yasaları her zaman ve zeminde aynıdır. Bunu Kur'an şöyle formüle eder: "Bir toplumu oluşturan bireyler kendisini değiştirmeden Allah da o toplumun halini değiştirmez." (13;11) Bu ayette toplumsal dönüşümün şartı olarak bireysel dönüşüm öngörülmektedir. Eğer bireysel dönüşüm gerçekleşirse, Allah da toplumsal dönüşümü gerçekleştirecektir. Bu dönüşüm hem toplumsal bozulma, hem de toplumsal düzelme için geçerlidir. Olumlu bir toplum bozulacaksa, bu bozulma fertlerle başlayacak ve hızlanacaktır; düzelecekse, bu yine aynı süreçle olacaktır.

Bireysel dönüşüm kendiliğinden gerçekleşmeyecektir. Bunun gerçekleşmesi için birilerinin bu işe kendilerini adaması gereklidir. İşte konumuzun girişindeki ayet bu gerekliliği vurgulamaktadır. Eğer bir toplumun içerisinde böyle uyanık ve uyandıran bir kitle varsa, o toplumun dönüşümü er ya da geç mutlaka gerçekleşir. Toplumsal değişimin baharı geldiğinde, bu uyanık kitle sözkonusu baharın habercileri olacaklardır. Tersi de geçerli. Eğer bir toplumda bireysel dönüşüm toplumsal çözülme lehine ise, o toplumun bozulması er ya da geç mukadderdir. Bu gerçeği Kur'an farklı bir üslupla verir: "Öyle bir yozlaşmadan sakının ki, aranızda yalnız zulme katkıda bulunanlara bulaşmakla kalmaz." Hemen tüm müfessirler, bu ayetin kastını, şu parantez içi sözlerle tamamlarlar: "İyiliği emir kötülükten nehiy konusunda gösterdiğiniz vurdumduymazlıktan dolayı size de bulaşır." (8;25) Bulaşır, çünkü bir kötülüğe sessiz kalmak o kötülüğe ortak olmak anlamını taşır.

Bunun en tipik örneği Salih Peygamber'in kavminin sınav aracı kılınan deveyi kesmesinde görülür. Kur'an "Onu kestiler fakat pişman oldular" diyor. (26;157) Aslında deveyi kesen bir kişidir. Ama ayette suçlanan bu olaya seyirci kalan toplumun tümüdür ve bela sadece bu işi yapanı değil bu işe sessiz kalan tüm toplumu kuşatmıştır.

Kişinin kendisini koruması, başkalarını korumasıyla çok yakından ilintilidir. İnsan sosyal bir varlıktır; etkiler ve etkilenir. İnsanı şekillendiren çevredir, çevreyi şekillendiren de tabi ki insan... O halde, siz çevreye renginizi vermiyorsanız, günün birinde çevre size rengini dayatacaktır. Bir toplumun en hareketli, en canlı, en gayretli katmanını iyiler değil de kötüler oluşturuyorsa, bu o toplumun yavaş yavaş intiharı anlamına gelir. İyiliği emir kötülükten nehiy, işte bu sorunu tesadüfe bırakmayan İslâm'ın inananların boynuna yüklediği çok önemli bir ibadettir.

"Emr bilma'ruf nehy anilmünker" Nedir?

Bu Kur'ânî ibare Türkçeye, kavramlar yerinden edilmeden "iyi ve doğru olanı (ma'ruf) emretmek kötü ve yanlış olandan (münker) da nehyetmek" biçiminde çevrilebilir. Bu ibarede dört tane kavram vardır; emir, nehiy, ma'ruf, münker.

İlk iki kavram eylemsel kavramlardır ve aynı zamanda Fıkıh Metodolojisi'nin kavramları arasında yer alır. Emir "yap", nehiy "yapma" formunda ifadesini bulur. Burada da görüldüğü gibi emir ve nehiy yapmak ya da yapmamakla ilgili fiilî-amelî kavramlardır.

Son iki kavram olan ma'ruf ve münker ise fikrî ve aklî kavramlardır. Eylem alanına değil entellektüel alana girerler. Ma'ruf, saf aklın iyi saydığı herşeydir. Münker ise yine akl-ı selimin kötü gördüğü herşeydir. İyi ve kötü için emretmekten ya da alıkoymaktan sözediliyorsa, orada iyi ve kötünün fikir ve teori düzleminden davranış ve eylem düzlemine geçmesi gerekmektedir. Bu durumda iyiliği emir kötülüğü nehiy sorumluluğu düşünceye, fikre, duyguya ve teoriye yönelik değildir. Dolayısıyla iyiliği emir kötülükten nehiy görevi fikir hürriyetini yok edecek, kısıtlayacak biçimde anlaşılamaz. Emir ve nehiy eyleme yönelik olarak anlaşılır; emredilen iyi, yapılmalıdır; nehyedilen kötü de, yapılmamalıdır.

Kötülükten nehyetmek, iyiliği emretmekten daha önemli ve önceliklidir. Mecelle'ye de kural olarak geçen ünlü hukuk ilkesini hatırlayalım: Bir kötülüğü gidermek, bir iyiliği kazanmaktan önde gelir.

Ma'ruf/iyilik iki kısımda değerlendirilir: 1- Zorunlu olan 2- Zorunlu olmayan. Dinen de aklen de zorunlu olan bir iyiliği emretmek zorunludur, zorunlu olmayan bir iyiliği emretmek de zorunlu değildir. Bunu İslâm hukuk diline taşırsak, farz olanı emretmek farzdır, nafile olanı emretmek nafiledir. Tersi de geçerli; haram olanı emretmek haramdır, mübah olanı emretmek mübahtır.

Münker/kötülük önce yapısı itibarıyla ikiye ayrılır: 1- Muhatabını zarara sokan kötülük 2- Muhatabını etkilemeyen kötülük. Birincisine tüm nafakası o günkü yevmiyesi olan bir amelenin bir-kaç milyonunu çalmayı, ikincisine çok zengin birinin bir-kaç milyonunu çalmayı gösterebiliriz. Burada birinci hırsızlıktan aklen de şer'an da nehyedilir. İkincisinden ise aklen değil ama şer'an nehyedilir. Ancak, bu konuda farz olan emr bilma'ruf nehy anilmünker, toplumdaki ekonomik dengesizliğin kaldırılarak sosyal adaletin sağlanmasıdır. Zengin ve fakir arasında uçurumların oluştuğu bir toplumda emr bilma'ruf nehy anilmünker'e fakirlere sabır tavsiye ederek başlamak, gerçek hırsız olan devletin tüm toplumun cebinden her gün hissettirmeden enflasyon adı altında çaldığı astronomik miktarı görmemek demektir.

Münker, ikinci olarak verdiği zarar itibarıyla ikiye ayrılır: 1- O kötülüğün failde bir değişikliğe sebep olup zararının sadece yapanla sınırlı kalması. 2- Kötülüğün failde bir değişikliğe sebep olup, zararının başkalarına da dokunması. Birinci kategoriye intiharı, ikinci kategoriye rüşveti örnek verebiliriz.

Münker, kötülüğün mahiyeti açısından da ikiye ayrılır: 1- Akli kötülükler, 2- Şer'î kötülükler. Akli kötülüklere yalan haber, zulüm, sövgüyü; şer'î kötülüklere de zina, hırsızlık, cinayeti verebiliriz. Bu ikincisi de kendi arasında ikiye ayrılır: 1- Hakkında ittifak edilen kötülükler, 2- Hakında ihtilaf edilen kötülükler. Birinciye cinayeti, ikinciye de zorla düşük yapmayı örnek verebiliriz.

Emr bilma'ruf nehy anilmünker'in İslâm'daki Yeri

Emr bilma'ruf nehy anilmünker, Kur'an'da, bir çok farzdan daha fazla yer alan bir emirdir. Bu ayetlerin başında yukarda verdiğimiz Al-i İmran sûresinin 104. ayeti gelir. Bu ayette dünya ve ahiret saadeti için hayra çağırmanın zorunluluğu dile getiriliyor. Hayra çağırmanın yönteminin de iyiliği emretmek kötülükten nehyetmek olduğu vurgulanıyor. Ayet "sizden" diyor; yani Muhammed Ümmeti'nin içerisinden bir "ümmet" bulunsun.

İlginç değil mi? Bu ayet, günümüzde Muhammed Ümmeti'nin içler acısı durumuna bakınca pek çok şey söylüyor. Allahu âlem, ayet diyor ki, canlı bir uzviyyet olan ümmet hücreleri ölü bir organizmaya döner, akliyyetini kaybeder, AIDS'e yakalanmış birinde olduğu gibi savunma mekanizması çöker ve artık kendisine yönelik saldırılara tepki veremez duruma düşerse, bu hasta bedende hastalanmamış bir kalb konumunda bir organ bulunsun. Aslında ümmetin insanlığa karşı görevi emr bilma'ruf nehy anilmünker yaparak hayra çağırmaktı. Ümmet bu görevini ihmal eder ve tavsatırsa, bari ümmet içerisinden küçük de olsa bir topluluk bu görevi üstlensin. Ümmetin asli görevinin bu olduğu şu ayette açıkça görülüyor:

"Siz insanlığın iyiliği için çıkarılmış hayırlı bir ümmetsiniz; iyi ve doğru olanı emreder, kötü ve yanlış olandan da alıkorsunuz, Allah'a da inanırsınız." (3;110)

Yine başka bir ayette, mü'min erkek ve kadınların özellikleri sayılırken emr bilma'ruf nehy anilmünker, namaz ve zekatla birlikte, hatta onlardan önce zikredilir:

"İman eden erkekler ve kadınlar birbirlerinin velisidirler. İyi ve doğru olanı emreder kötü ve yanlış olandan alıkoyarlar, namazı kılarlar, zekatı verirler, Allah'a ve Rasulü'ne itaat ederler. İşte onlara Allah rahmet edecektir. Allah azizdir, hakimdir." (9;71)

Emr bilma'ruf nehy anilmünker, şu ayette de namaz ve zekatla birlikte mü'minlerin yerine getirmeleri gereken bir farz olarak yer alır:

"Onlar ki, kendilerini yeryüzünde egemen kılsak (bile) namaza devam ederler, zekatı verirler, iyi ve doğru olanı emreder kötü ve yanlış olandan alıkoyarlar. Fakat yine de işlerin neticesini Allah belirler." (22;41)

Bu farz, sadece bu ümmetin farzlarından değildir. Kuvvetle muhtemeldir ki emr bilma'ruf nehy anilmünker farzı, tüm İlâhî şeriatlarda yer alan insanlığın zamanlar ve zeminler üstü değişmez değerleri arasında bulunuyordu. Aynı şey Muhammed Ümmeti'nden önce insanlık ailesine İlâhî mesajı taşımak için seçilen İsrailoğullarına da emredilmişti:

"Ama hepsi bir değildir. Kitaplılar içerisinde gece vakitlerinde ayakta durup Allah'ın ayetlerini okuyarak secdeye kapanan bir topluluk da vardır. Onlar Allah'a ve ahiret gününe inanırlar, iyi ve doğru olanı emreder kötü ve yanlış olandan da alıkoyarlar ve hayırlarda yarışırlar. İşte onlar iyilerdendir." (3;113-114)

Ve yine Lokman Peygamberi oğluna aynı öğüdü verirken görüyoruz: "Yavrucuğum namazını kıl, iyi ve doğru olanı emret, kötü ve yanlış olandan alıkoy ve başına gelene sabret. Çünkü bunlar değerler içerisinde en sağlamlarıdır." (31;17)

Bütün bu ayetlerden de kolayca anlaşılabileceği gibi emr bilma'ruf nehy anilmünker farz bir ibadettir. İbn Hazm, aksi yöndeki onca gayretine rağmen bu hakikati itiraf ederek, ümmetin hiç eksiksiz emr bilma'ruf nehy anilmünker'in farz olduğunda ittifak ettiğini vurgular. (el-Fasl, V/19)

Yukarda da vurguladığımız gibi emr bilma'ruf nehy anilmünker'in farziyeti, farzlar ve haramlarla sınırlıdır. Yani, farz olan birşeyi emretmek farzdır, haram olan bir şeyi de nehyetmek farzdır. Tabi bir şey nafile ise, onun emir ve nehyi de nafile olur. Emr bilma'ruf nehy anilmünker farzı, kuldan Allah'a ibadet, kuldan topluma maslahattır. Şeriat, insanların mutluluğunu amaçladığı için emr bilma'ruf nehy anilmünker'i zorunlu kılar.

Emr bilma'ruf nehy anilmünker'in farziyeti konusunda istisnasız ittifak eden ümmet, ondan gerisinde neredeyse tümüyle ihtilaf etmiştir. İbn Hazm, aynı yerde bu gerçeğe değinir. Alimlerin bu farziyet konusunda ihtilaf etmelerinin temel sebebi siyasidir. İslâm tarihindeki ilk ve en uzun ömürlü silahlı muhalefetin radikal temsilcisi Haricilerin emr bilma'ruf nehy anilmünker konusundaki taşkınlıkları, kimi mezheplerin bu konuda gereğinden fazla ihtiyatkar davranmasına neden oldu.

Emr bilma'ruf nehy anilmünker konusundaki ihtilafların temelinde yatan sebep, İslâm tarihinin ilk dönemlerinde Emevi ve Abbasi halifelerine karşı başkaldıran tüm kişi, gurup ve fırkaların başkaldırılarına emr bilma'ruf nehy anilmünker'i gerekçe göstermeleridir. Bu ifrata karşı özellikle Hariciler'e tepki olarak ortaya çıkan tefrit tavır da emr bilma'ruf nehy anilmünker'i sadece yöneticinin yapacağı şeklindeki Mürcie ve Ehl-i Sünnet'ten bazılarının tavrıdır. Oysa ki emr bilma'ruf nehy anilmünker, sadece halka değil Rasulullah'ın sahih hadisinde de belirtildiği gibi zalim, fasık ve sapkın yöneticilere de yapılır. Bu, yönetilenlerin yönetenlere karşı bir sorumluluğudur.

İyiliği emir kötülükten nehiy, kimi zaman halka nafile olduğu halde alimlere zorunlu olur. Çünkü alimler peygamberlerin varisleridir. Onlar, ulaşabildikleri oranda içlerinde yaşadıkları toplumun zirvesindeki insanları uyarmakla yükümlüdürler. Bu görevleri devredilemez, vekalet edilemez, ertelenemez bir görevdir. Yöneticilerle tanış ve biliş olmanın alime yüklediği sorumluluk onlara sürekli iyi ve doğru olanı emretmek kötü ve yanlış olandan da alıkoymaktır. Bunu yerine getirmeyen her alim, onların zulüm, fısk, mel'anet ve sapkınlıklarını paylaşıyor demektir. İslâm'ın itaat konusundaki en temel kurallarından biri de Peygamber'in koyduğu "Allah'a isyan konusunda kula itaat yoktur" (Buhari, Ahkam) ilkesidir. Hiçbir güç, hiçbir kimse, hiçbir kurum bu ilkenin dışında mütalaa edilemez.

Metodu ve Şartları

Emr bilma'ruf nehy anilmünker'in yönteminde Müslim'in ve daha başkalarının Ebu Saîd'den naklen aktardıkları şu hadis belirleyici rol oynamıştır:

> "İçinizden biri kötü ve yanlış olan bir şey (münker) gördüğü zaman onu eliyle değiştirsin. Eğer buna gücü yetmiyor-

sa sözlü olarak uyarsın. Eğer buna da gücü yetmiyorsa kalbinden buğzetsin. Ancak bu sonuncusu imanın en zayıfıdır." (İman 78)

Bu ve buna benzer sahih hadislerin vurguladığı bir gerçek var, o da Rasulullah'ın emr bilma'ruf nehy anilmünker'i imandan saymasıdır. Bir davranışın imandan sayılması, onun imanın göstergesi olduğuna işarettir. İyiliği emir kötülükten nehiy, kişinin iman derecesini ölçen bir göstergedir. Zaten Müslim de bu ve buna benzer hadisleri *"Münkerden Nehyetmenin İmandan Olduğunu Açıklayan Bab"* başlığı altında İman Kitabı'na almıştır. Hz. Peygamber'in yukardaki hadisini açıkladığına inandığım ve emr bilma'ruf nehy anilmünker yöntemine ilişkin çok şey söyleyen şu sahih hadisi de buraya almam gerekiyor:

> "Allah'ın benden önce gönderdiği tüm peygamberler ümmetleri içerisinden havariler ve sadık dostlara sahiptiler. Onlar, peygamberlerinin sünnetlerini yaşatıyor, talimatlarını uyguluyorlardı. Sonra onlar gitti yerlerine gelenler oldu. Onlar yapmadıklarını söylediler, emrolunmadıklarını yaptılar. Kim onları eylem yoluyla engellerse o mü'mindir. Kim onlarla sözlü mücadele yaparsa o mü'mindir. Kim onlara karşı kalbiyle buğzederse o da mü'mindir. Bundan ötesinde zerre kadar iman yoktur." (İman, 80)

İbn Mes'ud'un nakletmiş olması hadisin doğruluğunu ve etkisini daha bir artırıyor. Çünkü İbn Mes'ud, bu hadiste geçen sadık peygamber dostlarından biriydi ve yapmadıklarını söyleyip emrolunmadıklarını yapan yöneticilere karşı bir ömür mücadele etti.

İmdi, bu hadislerden de anlaşılacağı gibi kötü ve yanlıştan alıkoymanın üç basamağı vardır:

1- Gücü yetiyorsa eylemle karşı koymak. Bu imanın en üst dereceden tezahürüdür. Hadiste geçen "gücü yetmek" tabiri, "güçyetirebildiği her meşru eyleme başvurmalıdır" anlamına geldiği gibi "ona eylemle müdahale edince kesin sonuç alıp sorunu kökünden halledebilmelidir" anlamını da içerir. Elbette eylemsel tepkiler arasına protesto yürüyüşü, meydan mitingi vs. gibi günümüzün çok bilinen yöntemleri de girer

2- Birincisine gücü yetmiyorsa sözlü olarak uyarmak. Bu uyarı günümüz için telefon, telgraf, faks, elektronik posta, gazete, dergi, internet, radyo, televizyon ve diğer tüm iletişim ve bilişim araçlarıyla yapılabilir. Diyalog ve fikrî tartışmalar da emr bilma'ruf nehy anilmünker kapsamına girer.

3- Duygu ve düşünce bazında karşı çıkmak. Bu tepki türü herkesin eksiksiz yapabileceği bir tepki türüdür. Bir kötülük ve yanlışlığa karşı duygu ve düşünce bazında dahi tepki göstermeyenin inancını yitirmiş olduğuna hükmetmek gerekir. Ölüm ruhun bedeni terketmesi değildir, gerçek ölüm *aldırmazlık halidir.* Tarihin en büyük zalimleri, nasıl zulümlerini kendilerine karşı direnmeyen mazlumlara borçlularsa, tarihin en aşağılık kötüleri de, kötülüklerini kendilerine aldırmayan kitlelere borçludurlar.

Emr bilma'ruf nehy anilmünker sözkonusu olduğunda, klasik kelam kitapları sözü hemen imam/halifeye getirirler ve olayı hep bu açıdan ele alırlar. Bunda pek de haksız sayılmazlar. Çünkü İslâm tarihinde hemen tüm kavga ve sorunlar yönetici ve yönetim probleminden kaynaklanmıştır. Hatta kelami mezheplerin ortaya çıkış nedeni de aynıdır. İslâm tarihinde müslümanlar arasındaki ilk savaşların sebebi de aynıdır. Örneğin, Hariciler yöneticileri münkerden nehyetmek için kılıca sarılıyorlar, bir çok insanın kanına giriyorlar, kendilerinden olmayan tüm müslümanları tekfir ediyorlar ve tam 100 yıl süren bir anarşi ve içsavaş döneminin baş aktörlüğünü yapıyorlardı. Elbette birkaçı dışında Hariciler'in başkaldırdığı yöneticilerin de savunulur bir yanı yoktu. Ne ki bu anarşi ortamından en az zarar gören yine bu yöneticiler olmuştu ve olan-bitenin faturasını yine mazlum ve mağdur müslüman halk çekmişti.

Burada cidden hepimizi derin derin düşündürmesi gereken sorular ve problemler gündeme gelmektedir. Emr bilma'ruf nehy anilmünker, şiddetin mazereti olabilir mi? Güç kullanımı emr bilma'ruf nehy anilmünker kapsamında değerlendirilebilir mi? Toplumsal kalkışma ve kıyamın bu bağlamda hükmü nedir? Şiddet, İslâmî tebliğin neresinde yer almaktadır?

Bu soruların her biri, yeni bir çok sorunun kapısıdır. Bu sorulara verilecek cevapların, yeni sorulara gebe olduğunu da bilmek gerekir. Öncelikle şiddet "çözüm" olabilir mi? Bu sorunun doğru cevaplanması gerekir. Şiddet, karşı şiddeti doğuracaktır. Çünkü şiddetin tek mazereti vardır, o da şiddet. Bu ise çok daha kapsamlı ve ardı arkası gelmez bir sosyal karmaşaya yuvarlanmakla sonuçlanabilir. Böylesi bir durumun toplumsal dönüşüme katkısı ne olacaktır?

Elbette bu sorulara cevap verirken günümüzde halklarının emeğini gasbedip silaha yatıran ve elindeki silah gücüyle kendi halkının tepesinde asılı bir balyoz gibi duran ulus devletleri, bu devletlerin halka rağmen silah zoruyla dayattıkları rejimleri, bu rejimlerin hiç bir kural ve kutsal dinlemeden kullandıkları ve adı "devlet terörü" değil de hep "barış vs. operasyonu" olan aşırı şiddeti gözönünde bulundurmak gerekmektedir. Şu bir gerçektir ki, Sırp devletine göre Bosna'lıların topraklarını savunması, Ruslara göre Çeçen'lerin zulme başkaldırısı, yahudilere göre Filistin'lilerin istişhad operasyonları birer "terör" olarak değerlendirilmiştir. Tıpkı Kurtuluş Savaşı'nda Maraş'ta, Antep'te, Söke'de, Aydın'da, Nazilli'de işgal güçlerine karşı ilkel silahlarla direnişe geçen Anadolu'nun müslüman halkının işgalciler tarafından terörist sayıldığı gibi. Buna karşılık İsrail'in bağımsız bir devlet olan Lübnan'a girip çocuk, kadın, yaşlı demeden binlerce masumu katletmesinin adı "Galile'de Barış"tır. Bir İsrail'li diplomat Londra'da saldırıya uğrar bunun adı "terörizm"dir. Bir yıl içerisinde (1988) tek silahı çakıl taşları olan tam 327 Filistin'li çocuk İsrail askerleri tarafından öldürülmüştür; bunun adı "düzeni sağlama"dır. Buna karşılık aynı yıl çoğunluğu çocuklara kurşun sıkan asker olmak üzere ölen İsrailli sayısı sadece 8'dir ve bunun adı da "İslâmcı terör"dür.

Her zalim, müstekbir, baskıcı, sömürgeci ve işgalci sistemin uyguladığı şiddetin adı "huzur, barış vs. operasyonu", bu teröre karşı her direnişin ve meşru müdafaanın adı da "terör"dür. Bu, modern dünyanın her tarafında böyledir. Şu var ki, böyle olması tersinden bin kat evladır. Mazlumlar, meşru savunma hakkını kullanırken aşırı giderlerse, bu sadece mazlumiyetlerini kaybetmeleriyle sonuçlanmaz, saygınlıklarını da kaybetmelerine neden olur.

"Ma câveze haddehu ingalebe dıddahu" harika bir ilkedir. Usul kitaplarına kadar giren bu sözün anlamı şudur: "Haddini aşan, zıddına döner." Elhak öyledir. Haddinden fazla şiddet gayedeki hikmeti yokeder. Bu herkes için geçerlidir. Bu gerçek, zulme maruz kalan bir kişinin ya da toplumun meşru müdafaa hakkını ortadan kaldırma anlamına gelmez. Meşru savunmayı Kur'an bir hak olarak görür, ancak aşırı gitmemeyi de bir sorumluluk olarak yükler. Fakat her zaman affı ve barışı tavsiye eder:

> "Bir haksızlık ve saldırıyla karşılaştıklarında kendilerini savunurlar. Kötülüğün cezası ona eşdeğer bir kötülüktür. Fakat kim affeder ve barış yaparsa ödülü Allah katındadır, çünkü O zalimleri sevmez. Zulme uğradıklarında kendilerini savunanlara gelince; onlar hiçbir şekilde suçlanamaz. Ancak insanlara baskı ve şiddet uygulayan ve yeryüzünde haksız yere her tür dayatmacılığı yapanlar suçludurlar; onları şiddetli bir azap beklemektedir. Şu da var ki; kim haksızlığa göğüs gerer ve affederse, işte bu örnek davranışlardan biri olur." (42;39-43)

Zulme uğrayanın kötü söyleyebileceğini, böyle yapan birinin kınanamayacağını vurgulayan Kur'an (4;148), bir sonraki ayette Allah'ın affediciliğini hatırlatarak affı tavsiye eder. Yine Hz. Peygamber meşru savunma gerekçesini daha da geniş tutar ve der ki: "Bir baskıya karşı direndiği için öldürülen şehittir. Malını savunurken ölen şehittir. Namusunu savunurken ölen şehiddir." (*Müslim, İman 226*). Hadisin Ebu Davud'daki varyantında "inancını savunurken öldürülen şehiddir" ilavesi var. (*Sünne, nu. 4772*)

"Denge" her konuda olduğu gibi bu konuda da anahtar kavramdır. Aslolan doğrunun söylenebilmesidir. Elbette doğruyu doğru bir üslupla söylemek esastır. Emr bilma'ruf nehy anilmünker bir ibadetse, her ibadetin olduğu gibi bu ibadetin de şartları olması lazım gelir. İyiliği emir kötülükten nehyetmenin bir cihad olduğunu söyleyen Mutezile alimleri cihadı ikiye ayırmışlardır: 1- Davetle cihad. Bu da dil ve düşünceyle yapılan emr bilma'ruf nehy anilmünker'dir. 2- Savaşla cihad. Bu da eylemle yapılan emr bilma'ruf nehy anilmünker'dir. (*Abdulcebbar, 145 vd.*)

Ne ki, yukarda sıraladığımız emr bilma'ruf nehy anilmünker ile ilgili ayetler bu tasnifin yaslandığı mantığı yanlışlamaktadır. Ehl-i Sünnet'e göre sapma açısı ne kadar büyük olursa olsun, kendisini müslüman olarak tanımlayan birine karşı bir müslümana düşen ona savaş ilan etmek değil emr bilma'ruf nehy anilmünker yapmaktır ki, bu da tamamen ıslaha yönelik fikri bir çabadır ve ilmî delillerle yapılır. Bu konuda meşhur olan hüküm şudur: Açık küfür dışındaki tüm sapmalarda cihad önce delile dayalı düşünce yoluyla uyarı sonra tevbe ve istiğfara davettir. (*Bagdâdî, 269*)

Hariciler'in emr bilma'ruf nehy anilmünker konusundaki aşırı tavırları, Ehl-i Sünet'e mensup kimi imamların tepkilerini çekmiş ve bu tepkisellik bazen toplumsal bir otokontrol müessesesi olan bu farizayı işlevsiz kılacak noktalara kadar varmıştır. İmam Matüridi'nin görüşü bu türdendir: "Her insan iyiliği emretmek ve kötülükten de nehyetmekle mükelleftir. Ancak şartlar değişmiş ve bu farziyet düşmüştür. Çünkü hiç kimse hasbi olarak bu işi yapmıyor." (*Nar, 87*) "Bu farzdır ama onu istismar edenler yüzünden düşmüştür" demek ne kadar isabetli bir görüştür? Hariciler'in tekfir ve cinayete varan aşırı tavrına bakarak emr bilma'ruf nehy anilmünker'in yalnızca dille ve kalple yapılacağını eylem yoluyla yapılamayacağını söyleyenlerden biri de İbn Hazm'dır. (*el-Fasl, IV/171*) İmam Ebu Hanife ise bu görüşte değildi. O, emr bilma'ruf nehy anilmünker'in her türden eylemle yapılabileceği kanaatını taşıyor, müslüman da olsa zalim ve zorbalık yapan bir yönetime ve yöneticiye karşı koymaya dahi cevaz veriyor ancak bunu "kesin başarı" (temekkün) şartına bağlıyordu. Kendisi İmam Zeyd'in Emevi yönetimine karşı ayaklanmasına maddi yardımda bulunmuş ve insanlara katılmalarını öğütlemiştir. (*Cessas, I/87*) Yine Hz. Hasan'ın torunları Muhammed ve İbrahim'in ayaklanmalarında da onlara destek çıkmıştı. Ebu Hanife'nin emr bilma'ruf nehy anilmünker olarak gördüğü bu kıyamlara katılmamasının gerekçesini de İbrahim es-Saig adlı bir alimin emr bilma'ruf nehy anilmünker şartıyla kendisine biat etmek istemesi üzerine söylediği şu sözlerden anlıyoruz:

> "Şayet kişi emr-i bi'l-ma'rufu tek başına yaparsa öldürülür ve hiç bir kötülük düzelmez. ... Bu tek başına yapılacak bir iş değil. Peygamberler bile gökten destek gördüğü halde buna güç yetiremez. Bu diğer farzlardan farklı bir farzdır. Çünkü diğer farzları kişi tek başına yapar." (a.g.y.)

Emr bilma'ruf nehy anilmünker, İslâmî bir toplumda meşru muhalefetin şer'î gerekçesidir. İslâm toplumunda yönetime karşı her tür muhalefet iyiliği emir kötülükten nehiy şartlarına ve usulüne uymak koşuluyla serbest, hatta zorunludur.

Emr bilma'ruf nehy anilmünker yapacak insanın emir ve nehyedilecek şeyleri bilmesi şarttır. Eğer iyi ve doğru olanı kötü ve yanlış olandan ayıramazsa yanlışlıkla kötülüğü emretme ve iyilikten alıkoyma ihtimali belirir. Nehy anilmünker için kötülüğün somut olarak ortaya çıkmış olması şarttır. Değilse yapılan nasihat olur. Emr bilma'ruf nehy anilmünker'in daha büyük bir kötülüğe ya da toplumsal bir kargaşaya yol açmaması şarttır. İyiliği emirde eğer o konuda iki ve daha fazla alternatif varsa onların en kolayının tercih edilmesi şarttır.

Emr bilma'ruf nehy anilmünker'in uygulanabilir olması, hayatta bir karşılığının bulunması şarttır. İyiliği emredip kötülükten nehyeden kimsenin emrettiği şeyi yerine getirmesi, nehyettiği şeyden de kaçınması gerekir. Gazali'ye göre bir kimse kendi işlediği günahı işleyene karşı ya da kendisinden daha az günahkar olana karşı emr bilma'ruf nehy anilmünker yapamaz. Ona kendisinden daha büyük günah işleyeni nehyetmek düşer. (*el-İktisad, 144*) Bir kişi, başkasına yaptığı emri önce kendisi uygulamalı, başkasını nehyettiği şeyden de önce kendisi kaçınmalıdır. Değilse Peygamber'in de buyurduğu gibi onun yeri ateştir. (*Buhari VI/238 ve Müslim*)

Bir mü'mine bilmediğini öğrenmek zorunludur. Bilmediğini öğrenen kimseden öğrenme zorunluluğu düşer lakin o ana kadar boynuna borç olmayan bir zorunluluk yüklenir: Öğrendiğini yaşamak. Öğrendiğini yaşayan kimse, yaşama sorumluluğundan kurtulmuş lakin bu kez de bir başka sorumluluk daha yüklenmiştir: Yaşadığını başkalarına aktarma sorumluluğu. İşte emr bilma'ruf nehy anilmünker'in doğru süreci budur.

SONUÇ YERİNE

Bugün, İslâm coğrafyasında yaşayan tüm müslüman halklar çeşitli tarihi, siyasi ve sosyal nedenlerden dolayı toplumsal bir hafıza kaybını yaşamaktadırlar. Bu hafıza kaybına bağlı olarak kimlik ve kişilik kaybı toplumumuzu oluşturan bireylerin ortak zaafı haline gelmiştir. Bu acınılası durumda en büyük pay hiç kuşkusuz halka rağmen halkın tepesine silah zoruyla oturan ya da birilerince oturtulan yönetici elitlerindir. Siyasetçisi, askeri, bürokratı, aydını ve hormonlu zenginleriyle bu yönetici elit, toplumsal yozlaşmanın ve kokuşmanın baş müsebbibidir ama tek müsebbibi değildir. Çünkü bu durumdan en az onlar kadar kendilerine ilâhî mesajı taşıma görevi yüklenen müslümanlar da sorumludur.

Böylesi bir ortamda inanan her insana ağır görevler düşmektedir. Samimi mü'minler sorumluluklarının gereğini yerine getirmek için tanımlamadan tanımayı, yargılamadan yarlığamayı, hüküm vermeden davet etmeyi, infaz etmeden ihsan etmeyi öğrenmek zorundadırlar. Çünkü, en azından bu topraklardaki cahil kitleler, dinlerini değil sağlıklı kaynaklardan, tali eserlerden bile öğrenmekten mahrum bırakıldılar.

Sistemin projesi "dini olmayan bir halk yaratmak"tı. Tabi ki bu mümkün değildi ve mümkün olmadığı çok geçmeden görüldü. Halk dinsiz olmadı lakin dinini öğrenmekten mahrum bırakıldığı için dinli de olamadı. Tek kelimeyle "cahil" oldu. Elbet bu cahiller arasında cesareti cehaletinden alıp dine düşman olanlar da vardı. Bunların çoğunluğu "kişi bilmediğinin düşmanıdır" sözünü doğrulayan tiplerdi. Elbette İslâm'a bilinçli bir biçimde kin besleyen ve düşman olan azınlık bir güruhu konumuzun dışında tutuyoruz.

Geniş cahil kitleler bir yana, dini, bu dinin dostlarından değil de düşmanlarından öğrenmiş (!) sözkonusu zümreye şiddetle değil şefkatle muamele şarttı. Onlar, bildikleri bir dine değil bilmedikleri bir dine birilerinin kafa yıkamaları sonucu ite-kaka düşman edilmiştiler. Onların düşman oldukları dini öğrendiğiniz zaman şaşakalıyordunuz. Çoğunlukla bu gibilerin "din" diye düşman oldukları şeyin Allah'ın dini değil "ataların dini" olduğunu görüyor, bu dine Allah'ın da düşman olduğunu hayretle müşahade ediyordunuz. Bu gerçeği onlara söylediğinizde hayret etme sırası onlara geliyor ve insaf ehli olanlar ana kaynaklarından dini öğrenme sürecine giriyordu.

İlle de hüküm vermek gerekiyorsa, bu hüküm cehaleti dolayısıyla dine düşman edilenlerin dinlerini bu dinin dostlarından öğrenmeleri temin edilinceye kadar ertelenmeli, eğer hâlâ düşmanlıklarında direniyorlarsa hüküm o zaman verilmelidir.

Cehalet zifiri bir karanlıktır. Böylesi bir karanlıkta göz diye bir organın olması "görme" eyleminin gerçekleşmesi için yeterli değildir. Çünkü, görme eylemi ışıksız gerçekleşmez. En az gözün varlığı kadar ışığın varlığı da gereklidir.

Göz akılsa, sözkonusu ışık da İlâhî mesajdır. İnsanlık kervanının uzun yürüyüşünde bir yol kazası olan modern zamanların modern bireylerine yapılabilecek en büyük iyilik, ona hakikatin biricik kaynağını göstermek, onu sanal bir yaşamdan gerçek bir hayata çağırmaktır. Bunu yapabilme gücü sadece İslâm'a gönül veren insanların yüreğinde saklıdır. O güç harekete geçtiğinde, yürekleri sağaltan bir hayat soluğu olacak ve yürek fethi bir kez daha gerçekleşecektir.

SEÇİLMİŞKAYNAKÇA

Abdulcebbar b. Ahmed, Kâdî; *Şerhu'l-Usûli'l-Hamse,* tah. Abdülkerim Osman, Mektebetu Vehbe, Kahire 1988.

Arnold, Sir Thomas W.; *İntişar-ı İslâm Tarihi,* trc. H. Gündüzler, Akçağ Yay. İstanbul 1982.

Bagdâdî, Ebu Mansur Abdülkahir b. Tahir; *el-Fark Beyne'l-Firak,* Daru'l-Cîl, Beyrut 1408/1988.

Bar Habraeus (Gregory Ebu'l-Ferec); *Tarih,* trc. Ö. R. Doğrul, TTK, Ankara 1987.

Belazuri; *Futuhu'l-Buldan,* trc. Mustafa Fayda, K ve T.B. Yay. Ankara 1987.

Belazuri; *Ensabu'l-Eşraf,* Kahire 1959.

Buhari, Ebu Abdillah Muhammed; *Sahih,* Daru't-Tab'ati'l Amire tıpkı basım. Daru's-Sahnun & Çağrı yay. İstanbul 1413/1992.

Capra, Fritjof; *Kainata Mensup Olmak,* trc. M. Bilici, İnsan Yay. İstanbul 1996.

Cessas, Ebubekir Ahmed b. Ali; *Ahkamu'l-Kur'an,* tah. M. Sadık Kamhavî, Daru İhyai't-Türasi'l-Arabi, Beyrut 1405/1985.

Ebu Davut, el-Hafız Süleyman b. el-Eş'as; *Sünen,* Daru't-Tab'ati'l Amire tıpkı basım. Daru's-Sahnun & Çağrı yay. İstanbul 1413/1992.

Garaudy, Roger; *20. Yüzyıl Biyografisi,* trc. A. Z. Ünal, Fecr Yay. Ankara 1989.

Haydar, M. Muhammed; *Tarih-i Raşidi,* neşr. Sir Denison Ross, Calcutta, ty.

İbn Hacer el-Askalânî; *Hedyu's-Sârî Mukaddimetu Fehi'l-Bârî,* el-Mektebetu's-Selefiyye, Kahire 1497.

İbn Hazm; *el-Fasl fi'l-Milel ve'l-Ehvai ve'n-Nihal,* Daru'l-Cil, Beyrut, ty.

İbn Hişam; *Siratu'n-Nebi,* tahkik M. Muhyiddin Abdulhamid, 4 cild, Mektebetu Dari't-Türas, Kahire, ty.

İbn Kesir; *el-Bidaye ve'n-Nihaye,* Kahire 1351.

İbn Manzur; *Lisanu'l-Arab,* Daru'l-Maarif, Kahire, ty.

İbn Sa'd; *el-Tabakâtu'l-Kübrâ*, Daru'l-Fikr, Beyrut 1405/1985.

İhvanu's-Safa; *Resail*, Daru's-Sâdır, 4 cilt, Beyrut, ty.

İzzetî, Ebulfazl; *İslâm'ın Yayılış Tarihine Giriş*, trc. Cahit Koytak, İnsan Yay. İstanbul 1984.

Köprülü, Fuat; *İslâm Medeniyeti Tarihi* (W. Barthold'la birlikte) D.İ.B. Yay. Ankara 1984.

Mustafa Sabri Efendi (Şeyhülislam); *En-Nekir Ala Münkiri'n-Ni'me*, Kahire, ty.

Montaigne, M; *Denemeler*, trc. Sabahaddin Eyüboğlu, Cem Yay. İstanbul 1970

Müslim, el-İmam Ebu'l Huseyn; *Sahih*, tahkik: M. Fuat Abdulbâki, tıpkı basım, Daru's-Sahnun & Çağrı Yay. İstanbul 1413/1992.

Nar, Ali; *Akaid Risaleleri*, İstanbul 1984.

Nasr, Seyyid Hüseyin; *İslâm Kozmoloji Öğretilerine Giriş*, trc. Nazife Şişman, İnsan Yay. İstanbul 1985.

Okiç, M. Tayyib; *İslâmî Araştırmalar Der.* c.6 s.2. 1992

Ragıb el-Isfahânî; *Mu'cemu Mufredâti Elfazı'l-Kur'an*, Daru'l-Fikr, yer ve tarih yok.

Semhûdî; *Vefau'l-Vefa bi-Ahbâri Dari'l-Mustafa*, Daru'l-Bâz, Mekke 1401/1981.

Süheylî; *er-Ravdu'l-Unuf*, Kahire 1338.

Taberi; *Camiu'l-Beyan fi-Te'vili'l-Kur'an*, Daru'l-Kütübi'l-İlmiyye, Beyrut 1412/1992.

Taberi; *Tarihu'r-Rusul ve Müluk*, Daru'l-Maarif, Kahire 1987.

Uluç, Sıtkı; *Avrupa'da İslâm*, İstanbul 1989.

Werner, Ernst; *Büyük Bir Devletin Doğuşu: Osmanlılar*, trc. Orhan Esen - Yılmaz Öner, Alan Yay. İstanbul 1986.

Yakut Hamevî; *Mu'cemu'l-Buldan*, Daru sadır, Beyrut, ty.

Zemahşeri; *Esasu'l-Belaga*, el-Hey'etu'l-Amme, Kahire 1985.